改訂

おうちでできる

つまずき

発達障害のある子の

子育て

「きらっと」たんの個別支援教室

丹野節子

柘植書房新社

ごいっしょに
考えます

「困ったこと」をプラスに改善⤴
ちょっと先が見えて やる気になれます。

改訂にあたって

ありがとうございます。
この度、読者の皆様のご支持により、拙著が改訂版となりました。
新しい内容もふくめ、さらにお役に立てれば幸いです。

たくさんのご感想もありがとうございました。
「子どもが変わりました」「こんな楽しい方法があったなんて」「こだわりを切りかえられました」「親も自信がもてました」など、ご感想は、私にとって勇気の源となり、また、「アドラー心理学」という新たな学びの始まりとなりました。

アドラー心理学は、過去の原因を探りません。今ある力に「困難を乗り越える力」を与えて勇気づけ、自分から行動していく力を育てる、という考え方です。
つまずきに苦戦している子どもにとっては、「今」からスタートできる心強い生き方です。『きらっと教室』で貫いてきた考え方「自分から行動する力を引き出し育てる」に通じていると、嬉しくなりました。
教室では3つのことば「嬉しいな」「助かるよ」「ありがとう」で、子どもたちを勇気づけ、自分から行動する力を引き出す学習設定に努めました。このような学習で子どもはもちろん、支援する大人もいっしょに喜び合うという幸せを味わえました。

今回、この「勇気づける」考え方をもとに、内容をまとめ直しました。
「きらっとファミリー」のコーナーでは、『きらっと』で学ぶご家族の勇気づけの工夫も紹介しています。本書を通じ、「できる」「楽しい」「～したい」ということばが飛び交う暮らしをつくるお手伝いができると嬉しいです。

「きらっと」たんの個別支援教室
丹野　節子

楽しそう
これなら
やってみたい！

障害やちょっとした
つまずきに苦戦している
お子さんだけでなく、
どの子にも活用できる！

もくじ

イラスト：加藤恵理子

1
育ての基本

子どもが困っていること・特性
（発達障害の困り感）

タイムスリップ現象
「とくに嫌な記憶」が前ぶれなく想起してつらい。

モノトラック
一度に複数の情報を処理しようとすると混乱して、困る。

細部優位の認知特性
細部にだけ注意がいきやすく、全体把握や表情読み取りが苦手なため、
相手の意図とずれて困る。

不安・恐怖
度が過ぎる不安や、理由が了解できない恐怖でおどおどしてしまう。

感覚調整障害
視覚、聴覚、触覚などが過敏、あるいは痛覚のにぶさなど、
普通に生活しているだけでも疲労しやすい。

結びつけ障害（想像力の障害）
動作や状況など（消えてしまうもの）と、その名前の結びつけが困難で、
会話や文の意味合いが理解できずに困る。

二次的障害
本来のつまずき特性からの不便、緊張、不安のうえに、周囲の無理解や
不適切な対応のために生じる障害。低い自己評価、自信喪失、乱暴、
精神疾患への心配、犯罪行為への心配。被害者となってしまう心配。

お母さん、小さい声で話してますか？
子どもたちは大音量や強い言い方が苦手です。
大人は忙しさから、つい大声になりがち……。
「ささやき声」から試してみて。
その時、子どもに伝わりやすい
声の大きさを調整してみましょう。
親子で楽になります。

育ての基本　1

成功体験をつくる

一番大切なのは、

成功体験をつくること。

ちょっとした つまずきや障害のため、
小さいころから失敗体験ばかり……。
子どもだけの力では成功体験をつくり難いのです。

自信もやる気も失いかけている子に
親がいっしょに、子どもの手をとり、
ことばで言って、動きを見せて、
成功体験をつくりましょう。
ゆっくりゆっくり
自己肯定感が育ちます。

レジリエンス（立ち直る力）を育てる

2番目に大切なのは、
レジリエンスを育てること。

気持ちを「立て直す力」＝「レジリエンス」といいます。
もともと誰にでも備わっている力。練習すると高めていけます。
困った時、助けてほしい時、不満な時、そして嬉しい時も、
適切に伝える力を育てていきましょう。
変化や失敗での混乱をしなやかに立て直し、生活しやすくできます。

❶ 体と心を元気に!
　睡眠食事など生活習慣を整えると立て直しへの力がわいてくる。

❷ 「伝えることば」を練習
　ことばやサインを使うと
　自分を守れた、安心したという
　成功体験をつくっておく。

❸ 子どもの情報を知り合う
　関係づくり
　危機をキャッチし合える関係を
　子どもの友だちの親ごさんと
　保っておく。
　わが子が何に困っているか
　把握できます。

育ての基本　3

好き・強み（ストレングス）をいかす

3番目に大切なのは、
好き・強みをいかすこと。

その子の好き、強み（ストレングス）から誘うと、進んで考えたり、
いつもよりすごい力が出たりします。
好きな気持ちが支えになり、勇気が湧いてくるからです。

下から順番にはじめる学習もあるけど
好きな順からはじめる学習もいいんです。
その子が自分からやりたくなるように手伝いましょう。
他の場面にも拡がっていくはず。

> 電車の事なら
> 長い文だって
> 読みたく
> なるよ!

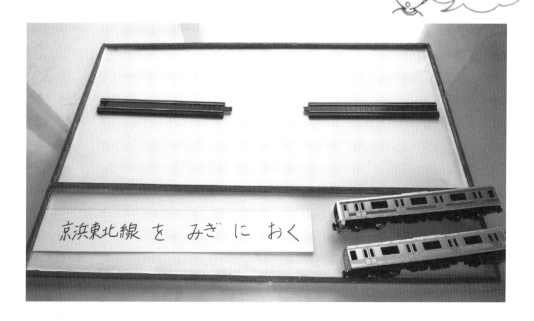

喜ぶ場面をつくる

４番目に大切なのは、
喜んであげること。

自分からやってほしいことこそ、説教よりも「喜ぶことば」で誘いましょう。
子どもが自分の良いところに気づき、困難を克服する勇気がでます。
直したほうがいいことにも、素直に向き合いだせます。

❶ 見つけて喜ぶ
　「できていること」を当然のこととスルーしないでください。
　「今～できてるね」と注目をことばにし、「うれしい、助かる、
　ありがとう」など喜びもことばにすると、やる気アップ。

❷ 事前に喜ぶ
　トラブルになる前に褒め、喜ぶ。
　成功体験が続き、やる気アップ。

❸ つくって喜ぶ
　「やってほしい行動」は
　親といっしょにやり、
　成功体験をつくって褒め、喜ぶと
　やり方が分かり、やる気アップ。

おっ! やってるね
おかあさん
うれしいな!

よろこぶ

勇気づけるって？

「喜ぶ」行動は

子どもと大人が、一緒に「喜び合う」ことになります。
共感的で対等、安心な関係をつくります。
嬉しいと言いそえると、「困難を克服する活力」を
子どもに与えることができます。

「褒める」行動も

大切です。でも気を付けて
喜ぶ言葉「嬉しい」を添えて、褒めてみませんか？
褒める時に他人と比べたり、優れている事だけが良い事、の
ような評価的、上下関係になりやすく
子どもをおどおどさせることが心配だからです。

「いいこと起こるぞ」で やる気にする

5番目に大切なのは、
「いいこと起こるよ」と誘うこと。

「その子にとっての いいこと・必然性」から誘うと、
適切な行動を引き出せます。
子どもにやってほしいこと、やめてほしいことがあったら、
その子にとって「いいこと」をゴールに決めて、
その子がわかる方法で誘ってみましょう（絵、動き、ことば、など）。
肯定的目標で言うと、
何をしたらよいのか分かります。

育ての基本 6

「手がかり」で わかりやすく

6番目に大切なのは、
手がかりをつけて教えること。

「手がかり」は行動を起こすきっかけ。
覚えてほしいことに「手がかり」をつけましょう。
はじめは、親に「手がかり」をつけてもらって練習。
だんだん、「手がかり」を減らして練習。
自分で自分に言い聞かせる力（自己コントロール力）が
育ってきます。

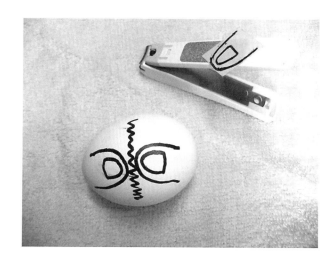

色テープに指マークをかいて
持ち方をわかりやすくする

選ぶ体験をつくる

7番目に大切なのは、
子どもが選んで決める体験をつくること。

自立してほしいと願いつつ、ずっと指示し続けていませんか？
「考えて、選んだ方が楽しい！」と体験できる場面をつくりましょう。
「小さい自立」が積み重なります。

❶ 選ぶと「お得」な場面をつくる

自分で選ぶと
いいことある！

他のことも
自分で選びたい

❷ いろんな場合への対処

😐 選べない
場合

😣 選んだけれど
都合で変わる場合

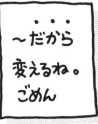

きょうは
◎えらべる
✕えらべ
ない

・・・
〜だから
変えるね。
ごめん

❸ 「ことば・サイン」で気持ちを整理

ざ〜んねん！！

こんなときも
あるよね

育ての基本 8

結びつけて 理解を助ける

8番目に大切なのは、
結びつける学習が必要だと知ること。

つまずきやすい子の多くは、
想像力がゆっくり育つ脳の仕組みになっています。
相手の気持ちを察するのが苦手なのも、わざとではありません。
「見えるもの」「触れるもの」など、より具体的に言いかえてみましょう。
わかりやすくなり、行動が起こしやすくなります。

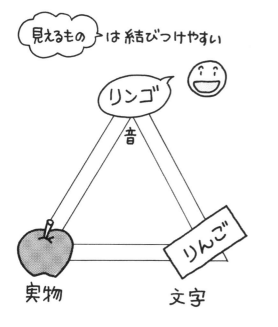

感覚過敏をやり過ごす

9番目に大切なのは、
感覚過敏をやり過ごしつつ、
成功体験を積むこと。

音・光・人の気配・体の落ち着き・味・匂い・舌ざわり・手ざわりなど、
感覚不調の辛さは見過ごされがちです。
外から見えにくく理解されにくいので、
自分を守る表現を話し合い練習しましょう。
過剰な刺激を遮断する機器も効果的！
利用前、学校、友人に理解をえる話し合いのお願いも忘れずに。
本来の力が引きだされ、生活が楽になります。

サングラス

ノイズキャンセラー

マスク

育ての基本 10

こだわりをずらしていく

10番目に大切なのは、

こだわりをずらしても平気だった体験をつくること。

こだわりを禁止したくなりませんか？
やりたがるからとそのまま続けさせていませんか？
こだわりは脳の強い指令によるもので、子どもは困っているのです。
生活しづらくなるくらいのこだわりは、できそうな時を見計らって、
ほんのわずかずつ「ずらす」ことを試しましょう。
小さくずらしても平気だった、安心できる人がいれば平気だった、と
いう積み重ねが、切りかえ力を伸ばします。

❶ やり過ごせている瞬間を見つけて褒め、喜ぶ
❷ 「気になるんだよ」 などとサインや言語化させる
❸ 体調のいい時に試す
❹ 「見える手がかり」 で切りかえを誘う。
　　（動作、物、ことばかけ、
　　　文字、イラスト等）
❺ 全くちがう行動に誘う
❻ ずらすといいことが起こる設定にする
❼ 他にできる行動を日々増やしておく　など

こだわりをやり過ごせたことを、
テープでわかりやすく!
自信がつく。

乗り越えメーター

大人も元気に続けるために

最後に大切なのは、
大人も元気でいること。

1、自立

自立とは、子どもが自分の苦手を知り、
乗り越える方法を知っていることです。
1人でなんでもできることではありません。

2、短く

学習は短くても成立します。
長時間教えることにこだわらないでください。

3、ひとつに

学習の焦点はひとつに絞りましょう。

4、できること

できることから始めます。「何ならできるか」探しましょう。
つまずいたら「できること」に戻り、ゴリ押しせずに、一時休憩。

5、やり過ごす

元気な時に本気で関わりましょう。「やれないなぁ」と思ったら、
やり過ごして、次のチャンスを待ちましょう。

6、相談

悩みは、1人で抱えず、誰かに相談できる親でいましょう。
「相談して解決する姿」は子どもにとっても生き方の手本になります。
いろいろな人の力を借りると、百人力の親になれます。

7、楽しみ

今の家族のようすで、親自身が楽しめることを探しましょう。
探す途中で楽しい出会いがあるかもしれません。
子育てへのエネルギーを補給できます。

2
朝

起きる

起きる ＝ よく眠れた
楽しいことが待っている

自己肯定感

- 子どもが「自分から起きる」ことにこだわりすぎていませんか？
  起きる、起きないの問答が次のトラブルの種になります。
- まずは、親が少し助けても、「スカッと起きた！」という
  成功体験をつくり、自己肯定感を引き出すことが大切です。

前夜の眠りがポイント

- 眠りが悪かったとき、説教は逆効果。
- ひとまず手伝って起こし、前日の運動量、心の安定などを振り返り、
  よく眠るための作戦を練り直しましょう。

薬

- 「お医者様に言うと悪い」と思わずに、できるだけ詳しく、
  家での様子や、希望をメモしておき、伝えましょう。
  医師が、子どもに最適の処方ができる大事な情報提供になります。
- 「どんな時に→どんな行動をしたか」整理して書きましょう。
- 服用のタイミングが正しくできているかチェックしてください。
  「寝る前」という指示に対して、夜中の2時に寝る前だからと、
  薬を飲んだら起きられなくなります。
  「寝る前」というのは、一般的な就寝時間のことです。

いいことあるぞ

- 「早く起きる ➡ いいことある ➡ 起きたくなる」
  のパターンをつくりましょう。
- 「いいこと」を目標にすると、行動が繰り返し起こり、
  定着しやすくなります。

「 おはよう 」

- 家族みんなが「おはよう」と言い合ってますか?
  発音の難しい子にも言ってください。「ごあいさつ、うれしいな」と
  喜んでください。子どもに安心をもたらします。
- 初めは、「**おは**」まで言ってやり、最後の「**よ**」は
  口形を見せるだけにして、発音を誘ってみましょう。
- 発音が難しい子でも、あきらめないで。
  指でそっと押さえて口形をつくってやり、発音を誘いましょう。
  出した息が、この口形を通り、正しい発音体験になることもあります。
- 長ーくのばしたり、体でリズムをとったり、メロディーをつけたり、
  わが子に合う発音の引き出し方をいろいろ試してみましょう。

朝ごはん

シンプル朝ごはん

小さいおにぎり型で
つくった ミニにぎり

ミニ肉まん

ハムなど
くるくるサンドイッチ

自己肯定感

- 「サッサと食べ終えた」という成功体験をもたせましょう。
  やる気が出ます。
- お箸不要、小盛りメニューで
  「失敗しないし、すぐ食べ終わるぞ」という見通しをもたせましょう。
- 箸の使い方、マナーは、親子の余裕があるときを選んで教えましょう。

片づけ

- 自分の食べたものの片づけは、親が手を添えてでもさせましょう。
  自立心だけでなく、手指のコントロール力も育ちます。
- 流しに近い椅子に座らせるなど、子どもが成功する工夫をしましょう。
- 自分のもの以外のものも運ばせ、感謝される体験をつくりましょう。

服選び

自己決定

- 初めは、選択肢を与えて、選びやすくしましょう。
- しだいに、自分でタンスから出せるように誘いましょう。

場合に分けて行動

- 「～だから脱ごう」と理由を言ったり、書いたりしたりしてください。
「場合によって行動を切り替える力」が育ちます。
- 場合分けの言い方を親子で唱え、言い慣れさせ、喜びましょう。
- しだいに、「～の時は、どうするの？」と子どもに考えさせると、
自分から行動することが増えていきます。

こだわり

- 服にこだわりが強いなら、ひとまずやり過ごしておきます。
- 別場面で、「できること」を一つでもいいからつくり、
自己肯定感を上げつつ、切りかえを誘っていきましょう。
- できるだけ、同じ服を着せ続けないでください。
「こっちの色も似合うね。すてき」と喜んだり写真をとったりして、
着替え＝楽しい という体験をつくっておきましょう。

ことば

- 色、服の種類（長袖、ジャンパー、など）の呼び方を学べます。
- 実物を触りながら、同時に「赤」「半袖」などと言ってやると、
「ことばと物」が結びつき、理解して使える言葉になっていきます。
- 「赤**より**ピンクの**ほうが**いい」など、比較する言い方の練習にも
なります。

着替え

自己肯定感

- つまずきのある子は「注意の集中」が苦手なため、
  初めから終わりまで通した着替えの流れを体験せずにきています。
- 大人が黒衣になったつもりで、途中に遊びをはさませず、
  流れるように着替えられたという「成功体験をつくることを朝の着替え」
  と決めると気が楽です。
- 手伝いながら、苦手な動作を見つけ、余裕のあるときに教えましょう。
- 手助けが多いこの考え方を、単なる甘やかしと思わないでください。
  子どもの成功体験をつくる一つのステップと考えましょう。

行動のつなぎ

- いくつかの動作をつないで、一人でできるようにするには、
  動作を歌でつなげる方法が効果的です。（チェイニング）
- メロディーが手がかりになり、次の動作が引き出せるようになります。
  （例：絵かきうた）
- 歌で行動をつなぎ、最後の1動作だけ子どもにさせてみましょう。
  小さな成功体験になり、やる気が出ます。

逆からつなぐ

- 子どもに動作を教えるとき、最初の動作から順に教えるのが一般的です。
  しかし、集中力の短い子には、逆に最後の動作から教えたほうが、
  終わりが見えて効果的です。
- ビデオの逆送りのように。（バックワード・チェイニング）

お手本歯みがき

1番　右上　しゅしゅしゅしゅしゅしゅ……
2番　右下　しゅしゅしゅしゅしゅしゅ……
3番　左上　しゅしゅしゅしゅ……
4番　左下　しゅしゅしゅしゅ……

さいごに　前上　しゅしゅしゅ……
さいごに　前下　しゅしゅしゅ……

正しい動きを知る時間

- 朝は忙しい。朝の歯みがきは親が手伝って
  「歯みがきの**スムーズな流れ**」を体験する時間にしてはどうでしょう。
- 手順を歌にすると、メロディーによって、次の動作が引き出されます。
- イラスト入り手順カードも有効ですが、絵やカードめくりに
  こだわりが出るなら取り外しましょう。
- 歌の手がかりは、いずれ子どもが自分自身にすべきことを
  言い聞かせ（内言化）、自分から歯みがきしだすのに役立ちます。

コラム：とにかく親子で前向きに！

「できていること」に注目する練習

❶ 「できていること」を、ことばにしてみよう。

> ～ができている。

❷ 子どもの自慢をしてみよう。

～できて、ママの自慢の子だわあ

やって当たり前だと思ってたのに。
ぼくってこれができているのか～

他のことも
がんばりたく
なってきた～

日々の忙しさのなかでは、子どもの悪いことばかり、目につきやすい。
できていることに目を向けて、ことばに直して伝えてあげましょう。
子どもが自分のいいところに気づくと、心が強くなります。
苦手なこと、直したほうがいいことにも素直に応じやすくなります。

年齢の高い子、親子関係がうまくいっていないときには、
遠くから、おだやかに、オーバーになりすぎず、
調整しながら褒めてください。

子どもが学校に行った後

今日の こども仕事は
せんたく物の とりこみに
しよう!!
決〜めた ♪

私は 今のうち
銀行とスーパー
を 回っちゃお!!

通帳

『ありがとう
助かったよ 😊』
を お忘れなく

ペットボトル
の
ラベル
はがし

床そうじ

ペットの
えさやり

フライの 衣づけ

おちば はき

親も子も自立

- 子どもが自立するためには、親も「子どもからの自立」が必要です。
- 子どものできることも、つい親がやってしまっていませんか？
「やってもらうことが当たり前」の子どもを親自身がつくらぬよう、
親としての助け方を見直してみましょう。
- 「子どもの自立のため」　➡　「親も子も自立」
という発想の切り替えが大切です。
- 「家事をいっしょにする」ことが「親も子も自立」への一番のお奨め！

子どもしごと

- 家事を行なううえでは、効率が悪くなりますが、
子どもの今のようすを考え、「できそうな仕事」を残しておいて、
子育てに活用しましょう。
- 親子の体調、家族の都合なども考え、今日の「子どもしごと」
を決め、**あえて**残しておきましょう。

家事の価値

- 家事は生きる基本の集まりです。大いに利用しましょう。
- 家事は生活のために必然なので、やるべき行動がわかりやすいのです。
　　（例：お腹がすくから食事をつくる）
- 家事で「自分のことは自分でする」という自立心が育てられます。
- 家事は家族のためにもなるので、「ありがとう」と感謝され、
自己肯定感が育ちます。
- 家事は毎日続くことなので、何回も繰り返し、練習できます。
ちょっと休んでも、すぐにまたチャンスがきます。
- たくさんの習い事や、イベント参加こそ教育だ、と
とらえている親御さんもいますが、それだけに偏ると、
他人まかせや、子育てからの逃げになってしまうことがあります。
- 当たり前の日々の家事を親子でいっしょにして、
少しずつ子どもに任せていく営みが、地道だけれど、
自分から行動できる力を伸ばします。

33

Q&A どうしたらいい？ こんなとき

Q

ふざけて逃げ回ってしまう子への対応

学校での学習や家での着替えなど、何かさせようとすると、
笑って寝転んだり、走り出したりしてしまう。
どうしたら「まじめ」にやれるのでしょうか。

（小学校4年生男子　自閉症）

できることに
目をむけて
まずは
やる気を
とりもどさせよう

A

● 子どもの自己肯定感が低くなっています。
　子どもへの目標が高すぎるのかもしれません。
　「できない自分がいや」「がんばり続ける集中がいや」という気持ちで逃げたり、
　自分を守ったりしていると考えられます。

● 今、「すぐにできること」に目を向けましょう。

● 「こんな簡単なこと、当然のことを目標にするのは不適切」と思う人がいます。
　しかし、この段階の目標は、子どものやる気をとりもどすことにあります。

> ✗　できないことをできるようにする。
>
> ○　できることを「あなたはこんなことができるんだよ」と伝え、
> 　　「自分もできるんだ」と実感させること。

● 逃げることが日常化している場合は、「すぐにできること」であっても、
　親子でいっしょに動作して、それを成功させ、「ほら、できた。嬉しい」
　と成功体験をつくって喜ぶ手伝いがしばらく必要です。

3
しごと

ありがとうでやる気に

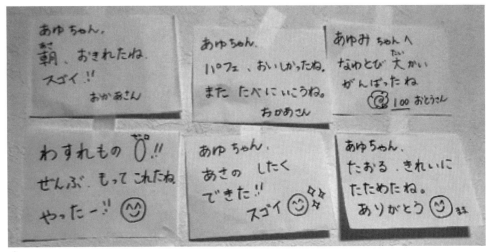

ありがとうコーナー

ありがとう

助かるよ

うれしいな

注文を書く

「注文通りだね。おいしいよ」
パパからのありがとう

ありがとうを視覚化

- 喜ぶことばを書いて貼って、いつも見えるようにしましょう。
- 言っただけだと覚えておくのが難しいのです。
- 「だれかに喜んでもらった経験」が形として見えると、役立てた実感が持続！　自分にできる行動を考えようとする力が育ちます。
- 行動のレパートリーが増え、こだわりも目立たなくなります。

豆とり

かんたん片づけ

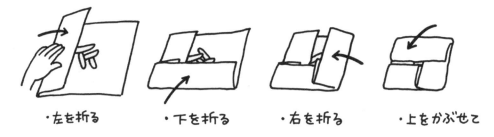

・左を折る　　・下を折る　　・右を折る　　・上をかぶせて

ごみ箱へ

片づけ

- 「左を折る」など動きのことばを、親といっしょに「言って動作する」ことを繰り返すと、一人で片づけができるようになります。
- 終わりの報告「おしごと終わりました」も言えるよう誘いましょう。家以外でも役に立ち、「ありがとう」と感謝される体験になります。

たたききゅうり

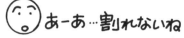

自己コントロール

● 強くたたく、弱くたたくも親のまねをさせて、
　ちょうどよくたたくを調整できるようにガイドしましょう。

● 「ちょうどよくたたく」だけを褒め、たくさん体験させましょう。

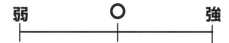

弱　　　　○　　　　強

　このほかのことにも応用できます（声の大きさ、ドアの閉め音）。

● 「ちょうどいい」という調節は、難しい自己コントロールです。
　次のような方法で、「ちょうどいい」調節力を育てましょう。

　❶ ○も×も両方体験させましょう。（安全に注意して）

　❷ ○だけ褒めて、その場で3回は練習させて定着させましょう。

　❸ 生活のなかで、子どもが何気なくしている「ちょうどいい」場面を
　　見つけて褒め、「ちょうどいい」と言わせましょう。
　　つかみどころのない「ちょうどいい」が、
　　子どものなかで「こういうことか」と具体的にわかってきます。

感謝される体験

● 包丁なしの料理は安心なので、子どもにやる気が出てきます。

● 「おいしいね」の一言で、別の場面にもやる気が生まれます。

動きのことば

● つまずきのある子の多くは、「動き」とそれを表す「ことば」を
　結びつけることが苦手です。

● 動作しながら「入れる」「入れる」などと動きのことばを言い続け、
　できれば子どもにも言わせましょう。
　言われたことがわかる子になり、不安感が減っていきます。

● 生活のなかで、「動きとことばを結びつけること」を意識的に
　積み重ねると、ことばを聞いて、考えて行動する子になります。

量 の 調 節

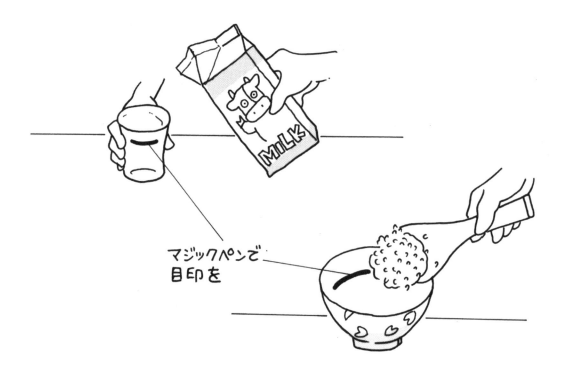

マジックペンで
目印を

手指のコントロール

● 量を示す目印を付け、できたら除いていきましょう。

● 量の調節にだけ注意できるよう、初めは座って体を安定させ、
机の上で、周りを広く開けてやらせてみましょう。
空中での作業は避けましょう。

● 量を「ことば」で表し、手がかりにさせましょう。
「おーっとストップ」「そーっと」「いーち、にー、おわり」など。

● 体を大きく動かす仕事をしましょう。手指の動きを育てる源です。
重いごみを運ぶ、自転車の空気入れなど。

● 力をいっぱい出す体験で、体の中にある「力の出し方メーター」
ができてきます。

ささっと料理

わが子のできる動作で 「自分で料理できた」 という成功体験づくり。

重ねる 「ブーブーもやし」

① どんぶりに肉、もやしと交互に重ねる。

② 塩・コショウ

③ ラップをかける。

④ 電子レンジで5分間チン

⑤ たまったスープを器に取り出す。
（スープがおいしい）

⑥ 大皿にどんぶりごとひっくり返して、
そっと、どんぶりをはずす。

包む 「ホイルのおふね」

① アルミホイルを30cmに切る。

② 鳥のささ身、えのき、さやえんどう
などをのせる。

③ 塩、コショウ、バター大さじ1

④ アルミホイルを舟形にして閉じる。

⑤ オーブントースターで15分間チン

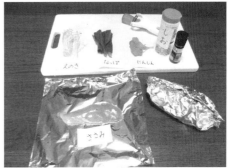

刺す 「バナナボート」

●出来合いの惣菜を並べて串に刺し、
バナナに立てよう。

巻く 「くるくるハム」

●ハムでいろいろなものを巻いてみよう。
きゅうり、スナックエンドウ、
アスパラ、にんじんなど

ラップ係

歌って動作をつなげよう

♪ はしっこ さがして
そーっと ひっぱる
皿より大きく
のーばーすー
ぺったりつけたら ねじって
ビリリ ♫

手首ひねりの 練習

くるーり

いろいろな道具を使おう

手指のコントロールにも役に立ちます

アルミ箔　　大根おろし　　レモン絞り　　豆腐パッケージ

ジッパー付き袋　　コショウ挽き　　ピーラー　　密閉容器

皿洗い

1. 水でさっと流す
2. 洗剤ちょっぴり
3. スポンジパックン お皿をはさむ
4. 両手で まわす
5. まんなか くるくる 洗う
6. うしろも くるくる 洗う
7. スポンジ おいて
8. 水で 流して
9. 水をきる

やっと 10. お・わ・り‼

洗剤の適量を示す○印を
マジックインキで描いておく

子どもに合わせて
歌詞を 変えてね！

自己肯定感

- 動作順に歌ってやると、次々動きが出てきやすくなります。
- 「手早く洗えた」という成功体験が大切。
  初めは、皿一枚だけを親といっしょに洗い、
  しだいに助けを減らしましょう。
- 「ありがとう、助かったよ」のことばで、次もやる気が出ます。

料理で動詞

わる

おす ↓

まく

はさむ

すてる

切る

むく

動作をことばに

● 動作を言語化しましょう。
「パッチン」「ポイ」などという表現にとどまっていませんか？

● なんとなくわかるけど、言えない動きを「ことば」に置き換えて、
詳しく表現できるようにすると、気持ちがすっきりします。

● 料理は、食べるという目的がわかりやすいので、
「動作とことば」を結びつけるにはいい活動です。

● 「動作とことば」が結びつくと、指示の理解が楽になり、
どうしたらいいのか考えて行動できる子になります。

様子をことばに

次は どうなる？

手が 切れる

どうすれば いい？

指を まるめる

今 何したの？

キュウリを 切った

動詞で 言えるように いっしょに 言おう！

せつめいカード
はしった
ぶつかる
あるく
血がでる

ホワイトボード

マグネット プレートなど

様子をことばに

- 様子を言語化しましょう。
  「ダメ」「危ない」「あーあ」などの表現にとどまっていませんか？
  なんとなくわかるけれども、言えない状況を「ことば」に置き換え、
  今より詳しく表現できるようにしましょう。
- 子どもが状況を説明しなければならないとき、
  適切な言い方を「**説明カード**」にして見せるとわかりやすいです。
- 説明カードを貼っておくと、
  いずれ、子どもが自分の表現のために使いだします。

そうじで方向

方向をことばに

- 方向を言語化しましょう。
  「あっち」「ほら」などの表現にとどまっていませんか？
- なんとなくわかるけど、言えない方向を「ことば」に置き換えて
  詳しく表現できたら、自分の行きたいところも伝わります。
- 掃除機を出すところからしまうまで、助け励まし、させてみましょう。
  どんな声かけで動きを引き出せるか見えてきます。
- 「前・後・右・左・上・下・斜め」など、方向を表すことばを
  言いながらいっしょに動くと、方向と動きが結びつきます。
- 初めは床にテープを貼り、掃く範囲をはっきりさせると、
  終わりの見通しがつき、進んで動作できます。
- 「ありがとう助かったよ」の一言でさらにやる気が出ます。

行動を広げる

洗濯機

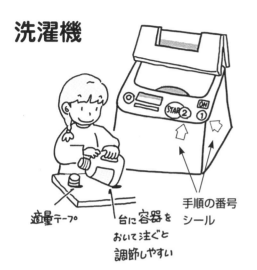

適量テープ

台に容器を
おいて注ぐと
調節しやすい

手順の番号
シール

風呂洗い

上下 上下 ごーしごし
ぜーんぶ かべも
ごーしごし ♪

さいごに 底も ごーしごし
シャワーで 流す
くーる ーりー ♪♪

ゴミの分別

キャップを
はずす

ラベルを
はがす

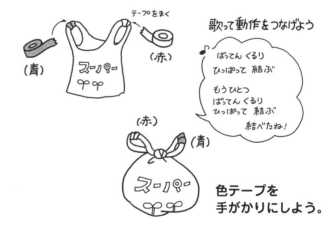

テープをまく

（青）

（赤）

スーパー

（赤）

（青）

スーパー

歌って動作をつなげよう

♪ ばってん くるり
ひっぱって 結ぶ

もうひとつ
ばってん くるり
ひっぱって 結ぶ

結べたね！

色テープを
手がかりにしよう。

こだわり

●家事を利用して、新しい行動のレパートリーを増すと、
「こだわり」をプラスのエネルギーに変えていくことができます。

●「この子には難しい」と決めつけず、いろんな仕事を試しましょう。

●初めはいっしょに手を添えて、成功させることが大切。
いっしょにやったとしても「ありがとう」と感謝しましょう。
やる気が出ます。

次つぎ チャレンジ

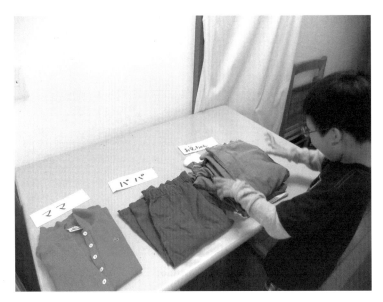

「たたむ」
↓
「たたんで分ける」に
進化させよう。

成長の証し

- 今までできていた仕事を拒んだり、イタズラし始めたりしたら、成長の証し。
  脳が新しい刺激をほしがっています。
- 「次のチャレンジしたいよ」というサインを考え、
  「成長したね」と喜び、新しい仕事を用意しましょう。

こだわり

- 同じ作業が「感覚遊び」や「こだわり」になってしまいそうなら、別の仕事に誘いましょう。

4

学　習

明日の準備

行動の切り替え

● 日によって、週によって変化することは、
行動切り替えの学習にぴったり。（給食当番の白衣、体操着など）

● 「～だから……しよう。」
この言い方で、理由によって行動を切りかえていく力を育てましょう。

行動のつなぎ

❶ チェック表をいっしょに考えて書く。

❷ 声に出していっしょに準備すると、
「読んで行動する力」を育てられます。

❸ 少しずつ親の声を小さくして、
子どもが自分自身に言い聞かせて行動できるように助けましょう。

❹ できていないときは、いっしょにやり、
とにかく成功体験をつくって、いっしょに喜びましょう。

❺ できるようになっても、時々いっしょにやると、
学期や学年の変化に合わせた助け方ができます。

宝探し

時々、引き出しの位置を変え、
考えて行動できるように。

文字で宝探し

● 文字は難しいから無理と、決めつけないでください。

● ほしいものを見つけるためなら、文字がヒントでも、見比べられます。

「宝探し」

● まずは、子どもの手をとって宝探しの手順を教え、
  宝を見つける成功体験をさせ、少しずつ
  一人でチャレンジさせましょう。

● テストみたいにすると嫌になるので、
  お遊びでしてください。

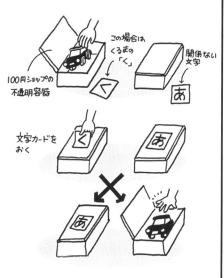

❶ 好きなものを箱に隠す。(子)

❷ フタをして、見つけるための
   手がかり|く|を置く。(子)

❸ 親が、箱の位置を、見えない
   ところで逆に置き換える。

❹ |く|を手がかりに宝を見つける。

字を書きたくなるために

できるだけ近くで動きを見せる

たて

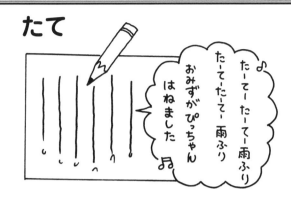

たーてー たーてー 雨ふり
たーてー たーてー 雨ふり
おみずが ぴっちゃん
はねました

よこ

よこよこ ヒューン
よこよこ よこよこ ヒューン
風ふいて ふっとんだ

まる

くるーり ペタ
くるーり ペタ
目玉やきのできあがり

ななめ

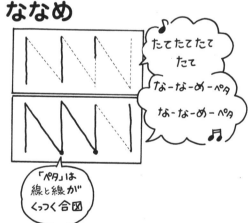

たてたてたて
たて
なーなーめー ペタ
なーなーめー ペタ

「ペタ」は
線と線が
くっつく合図

折れ

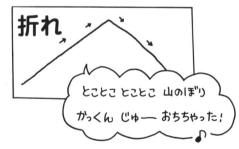

とことこ とことこ 山のぼり
かっくん じゅー おちちゃった!

書きたくなるしかけ

● 「動きとことば」の手がかりで、書く力を引き出しましょう。
● 書いたら作品になるとか、おやつにするとか目的をもたせて。

学習道具

定規

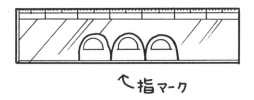

←指マーク

ホチキス

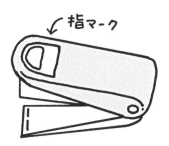

指マーク

分度器

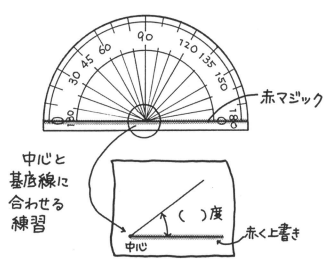

赤マジック

中心と
基底線に
合わせる
練習

（　）度

赤く上書き

中心

コンパス

操作のための
基本動作を
とりだして

つまみをもって
かたむけながら
くーるり

と、言いながら
傾け回しの練習

道具も練習

- 学習道具が扱えなくて、やる気をなくす子がいます。
  コンパスで絵を描いたり、ホチキスを打って模様をつくったり、
  遊びのなかで扱い慣れておきましょう。
- 学習道具は、左右別の動きを同時に調節する難しいものです。
  目印で指の動きを誘ったり、難しい動作の取り出し練習をしましょう。

テスト

折る

解いている
部分を折って
集中できるようにする

つなぐ

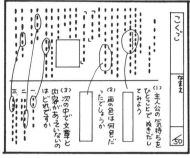

問題とこたえを 丸で囲って
線で むすぶ

文中で見つけた答えを忘れず、もれな
く書き出せるよう、解答欄まで矢線を
つける練習をしましょう。

囲む

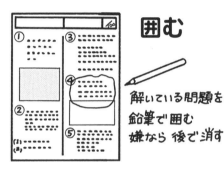

解いている問題を
鉛筆で囲む
嫌なら 後で消す

後で

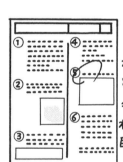

わからない問題は
とばす

後で とばしたところが
わかるように ◯印で
囲んでおこう

テストを工夫

- つまずきのある子にとって、テストは情報が詰まりすぎていて、
  わかっていても、注意が分散して書けない厄介なものです。
- 注意を集中させるため、自分に合った工夫をしてみましょう。

先生や友だちに

- 先生には事前にテストの工夫について伝え、理解を求めましょう。
  もし、先生が「みんなも工夫してみよう」と言ってくださるなら、
  なんてユニバーサルで居心地のよい学級でしょう。
- 友だちから「違うことをしている」と責められたら、「わかりやすく
  工夫したんだ」と明るく言えるよう親子で練習しておきましょう。
  レジリエンス（立ち直る力）が育ちます。

プリント折り

はしとはしをくっつける練習

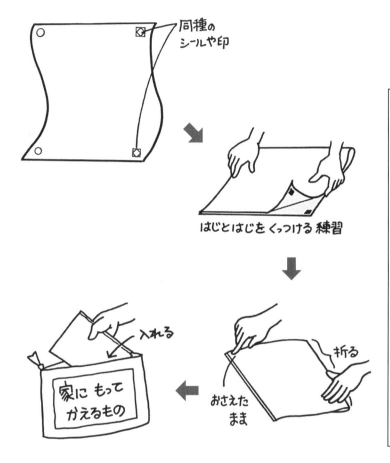

同種の
シールや印

はじとはじを くっつける 練習

折る

おさえた
まま

入れる

家に もって
かえるもの

取り出し練習

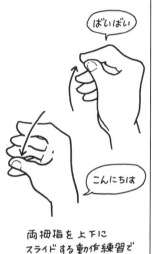

つまずいている動作を
取り出して遊びにする
（両端をすり合わせ、
端を合わせる動作）

ばいばい

こんにちは

両拇指を上下に
スライドする動作練習で
遊ぶ

折るのも練習

- 学校では、学習中、紙を折ることが何度もあるのに、
  うまく折れなくて、やる気をなくす子がいます。
- 特に、紙の端を合わせるとき、指をスライドさせて調節する動きが
  苦手な子が多いようです。つまずいている動作だけ取り出し、
  遊びながら練習しましょう。
- 保管は、ジッパー付き袋に入れ、なくさない練習をしましょう。

座っているのが 辛くなったら

ことばで要求

- 授業中、座っているのが辛くなったら、騒いだりトイレを言い訳に退出したり、気分で押し通す解決をさせてはいけません。
- 先生や親に、ことば、サイン、カードなどで要求し、了解を得て行動するという解決法を、手を取って教えましょう。家で練習し、学校にも伝えましょう。
- 初めは、ことばで要求したら望みをかなえ、しだいにかなわない時のやり過ごし方も教えましょう。
- ただし、先生も親も、子どもに合わない学習を課したり、長く待たせ過ぎたりせぬよう改善も必要です。

手がかりグッズを

すぐ使えるように用意してみよう。
家にあるもの・100 円ショップのもので気軽にできそうなら
子どもと一緒につくっても楽しい。

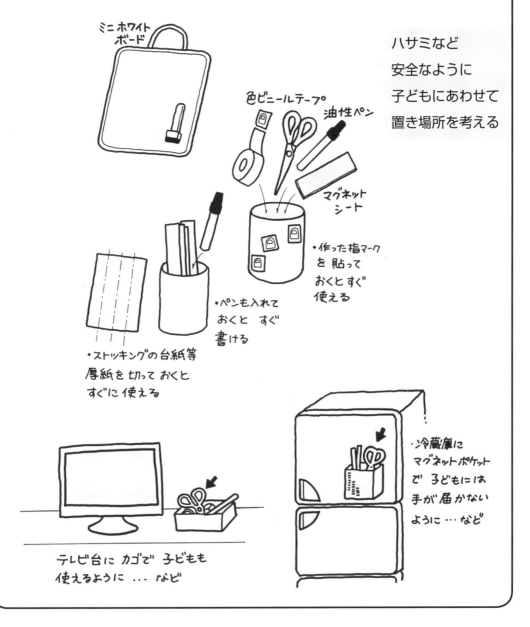

ハサミなど
安全なように
子どもにあわせて
置き場所を考える

学習と生活を結びつける

カタカナ・英語・漢字を読んで広告に直接ふりがなをふる

地名を切りとって日本地図に貼る

漢字、カタカナ、（っ）（ゃ ゅ ょ）（゛）（。）の付く字

- 広告を利用して「きゅうり」「カッパ」など「読めるようになったほうがいい字」を拾って、大人といっしょに読みましょう。
- 広告チラシに直接、漢字の「ふりがな」を書きこむと楽しいです。イメージが結びつき、覚えやすくなります。
- 駅名に「ふりがな」を付けるのも、アナウンス付きでやると電車好きには楽しい。

社会性

- 野菜の包装袋を利用して産地名に○を付け、県名を読んだり、切り取って地図に貼ったりしましょう。
- 親戚の家や家族旅行先など、身近なことを地図に書き入れ、日本の大まかな地図を意識させましょう。
- 買い物のルール「3つで100円」「お一人様に限り」など動作つきで教えると、より分かりやすくなります。

お 金

- その子にとって身近なものから、自分でお金を払う・おつりをもらう体験をたくさんさせると、自信につながります。
- お金を「出しやすく見やすい財布」を用意しましょう。
- 財布からお金を見つける練習、つまみ出す練習が役立ちます。支払いの「お手本カード」をつくると分かりやすくなります。（お金を出す練習カードをつくっておくと楽しい。）

お手本カード

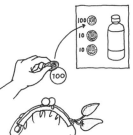

お　　金

どれがいい？

ほしい物の値段を探すなど、広告チラシを利用すると、やる気になれます。

金額どおり出す

❶ 位取り表に並べる
練習をしましょう。

❷ 表なしで並べる
練習をしましょう。

❸ 財布から
手のひらに出す
練習をしましょう。

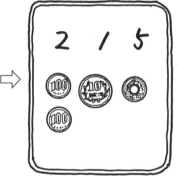

2 1 5

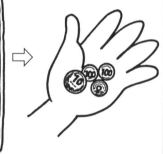

5円・50円の理解

● 「5円には1円玉が5つ入っているんだ」
と言って、1円玉を描き入れて
教えましょう。（硬貨に描いて教えた後は、
①や⑩を消して元通りにしましょう。）

宿　　　題

親　は

- 宿題はあくまで授業の補助です。子どもの今の様子にあっているかどうか、先生と、量や分かりやすさなど、話し合っていいのです。
- 子どもの今の力に応じて調節しながら行ないましょう。
    - ❶ 数を減らす
    - ❷ やれそうなところをやる
    - ❸ 問題用紙を拡大する
    - ❹ 色をつける
    - ❺ イラストを書き加える
- 宿題を完全にやることに、こだわりすぎないでください。
  「できることを一生懸命やり、相手と話し合って折り合いをつける」という「自分らしい生き方」を育てましょう。
- 学校でも会社に入ってからも大切なことの一つです。

書き写す（視写）

かたまりで読んで書く

- 書き写す力は、どの学習にも必要。できるとやる気が出てきます。
- 一字一字見て書くと、遅いし意味もとれません。
- 親子で文のかたまり（文節）を○で囲む練習をしてみましょう。
- 「かたまりを読んで書く」と声かけし続け、書く動きを助けましょう。

移動して写す

- 先生への尋ね方、静かな移動の仕方など、家で練習しておきましょう。
- 事前に先生に親が話をしておくとより効果的です。
- 静かに移動して視写できるようになると、他の子もまねしてできるようになり、学級全体の学習も活発になります。

音　　読

かたまりで読む

- 子どもの読み取りの力に合わせて、単語ごと、文節ごとを○で囲み、「かたまりで読む」練習を親子でやり、お手本を聞かせましょう。
- 決して一字ずつ読ませてはいけません。意味がとれなくなります。
- 親子で交互読みするのも音読を楽しくし、やる気になります。

読みたくなる

- 文を読みたくなる仕掛けをしてみましょう。
- お菓子やプラモデルの作り方
  なぞなぞ本（低学年用）　カルタ
  お笑いギャグ集など、
  親子で見つけるのも楽しいです。

こども用 お菓子の作り方を
拡大コピーするのも やる気
が おきる

ICT の利用

- 「教科書の音声読み上げ教材」を利用することも試せます。
  読むストレスが減り、内容の理解が進みます。
  （教科書読み上げ、デイジー、ビームなどと検索してみてください。）

失敗したとき

まちがっても　いいんだよ

わからなくても　いいんだよ

まちがったら　なおせば　いいんだね

わからなかったら　きけば　いいんだよ。

真野絵里子先生の実践（元横浜市立八景小学校）

やり過ごし

● つまずきに苦戦している子は、
　小さいミスでも大きな不安をもってしまいます。
● 親子でショックを軽くする言葉を、楽しく練習しておきましょう。
「おーっと　やっちゃったー」とか
「まちがったら　なおせばいいんだね」とか。
● つらい場所から離れる、好きなことに誘うのも効果的です。
● 安全を確保できる所で子どもと距離をとって、そっとしておくなど、
　その時の様子に合わせて、やり過ごしを助けましょう。

立て直し

● 逃げることが、習慣化してはいけません。
　ゆるやかに再挑戦することばを
　親子で練習してみましょう。

● **立て直す力（レジリエンス）** を育てると、気持ちを切りかえ、
　再チャレンジするエネルギーが出てきます。

書かれたメッセージを見て、やり過ごす体験。
ずらしたことを「うまいうまい　へいきだったね」
と喜んであげると、
自分に言い聞かせる力が育つ。

Q

物を投げる子への対応

3年ぐらい前から、手にしたものはすぐ投げます。道路にも投げて危険です。
どうしたら投げずに過ごさせられるでしょうか？

（小学校4年生男子　知的障害）

悪いことをして気をひく行動になっているのが心配です。
適切で、喜ばれる行動をふやし、認められたいという気持ちを、
良い行動で表現できるよう助けたいです。

❶ まずは、外出時、手をつなぐ。家の中では危険なものは、
　 手の届かないところにしまうなど安全確保はしつつ、

❷ 親といっしょなら、やれること（家事、運動など）をさせて、
　 「できる行動の種類」をゆっくりふやしましょう。

❸ 褒める、感謝、喜びのことばをたくさん聞かせましょう。
　 「できるね」「えらいね」「ママうれしい」「ありがとう」など。

❹ 投げることを「やめなさい」と止めるのではなく、投げる前に
　 「してみたいな」「いっしょにならできるな」という行動に切り替えて
　 いこうというイメージでいきましょう。

5

遊びから
人生の楽しみへ

「～したい」はコミュニケーションの始まり

ことばの始まり

- 禁止 ➡ ことばを使わせるチャンス
- 親は蛇口の前に立ち、子どもが勝手に水遊びできないようにします。
- 子どもの手を取って、親の肩をトントンたたくなど、
  サインやことばでの要求の仕方を見せ、いっしょにやりましょう。
- ちょっと水を出して、要求できたら水遊びできることを、
  手にとって数回練習します。
- 「ことばで頼むと、思いがかなう」場面を仕組んでいくと、
  進んでことばを使おうとし始めます。
- 「ことばで言ってくれたからよくわかったよ。ママうれしい」
  と喜びましょう。
- 他人の力を借りて自分の行動を広げていく、成長への一歩になります。
- 頼んでも望みがかなわないことがあるという場面も、練習しましょう。

ホースなわとび

ゆっくりかけ足とび

かた足ずつ

くるりん

とん　とん

とん　とん

声かけ

くるりん

とん

とん

声かけ

くる

ぴょん

くる

ぴょん

ホースを
もって

同じ位置で
ジャンプ

両足とび

両足でとびこす
動作の練習

ホースは地面に
おいておく

スモールステップ

- 子どもがやりたそうにしている遊びがあったら、その遊びの動きを小さいステップに分けて、いっしょに練習しましょう。
- なわとびはホースが効果的。空中で形が安定し、飛びやすいです。
- 「ゆっくりかけ足とび」から「両足とび」ができるようになります。
  ①足形を描く　②ホースを回し　③ゆっくり片足ずつまたがせる
  ④隣で動きを見せて誘う

ボールあそび

ことば

- かけ声は実感をこめやすい。発音を促したい子の発声練習や読みの勉強にもなります。
- 「えい」「いくぞ」など、カードにして貼っておくと楽しいです。

動きを予測

- ボールの動きを予測して自分の動きを調節する体験になります。
- 子ども任せにせず、親もいっしょにやると笑い声が出てきます。

運　動

- ママのお尻に向かって、力いっぱいボールやお手玉を投げてみよう。
- 体全体を使った運動は、細かい手指の調整の基礎になります。

福笑い・体パズル

福笑い

体パズル

体のイメージ

● つまずきのある子は、自分の体の位置や動きをイメージするのが苦手。

● 福笑いや体パズルで、客観的に体の部位や位置を知ることができます。

● 表情をつくりながら「悲しい」「うれしい」など、ことば表現も
付け加えると、「気持ちことば」の練習になります。

●「体の不調を訴える力」を育てるのに、役立ちます。
（爪が割れた、膝が痛いなど）

トランプ・カルタ・なぞなぞ

トランプ

表のまま「神経衰弱」。
2、3組のカードで
やり方を教え、
しだいに裏返して
ゲームする。

カード合わせが
うまくいくように近くに置く

あたり
あたり②

あたりカードを
入れる箱

なぞなぞ

んー？
えーと…ねー

ハナノ ナガーイ
ドウブツ
ナーァニ？

わかりやすく
読めるように
なってきたなぁ

読み

● 低学年用のなぞなぞ本やカルタは、5～6行なので読みやすいです。

● かたまり（文節）で読む お手本を聞かせると、自信がもてます。

コミュニケーション

● 相手に伝える必要がある遊びなので、やる気が出ます。

● 使えることばが増えます。

● 問答のやり取りで、もっとことばを使いたくなります。

負けたとき

すり抜けことば

もうもうもう
牛になっちゃう
いやになっちゃう！

うちの子なら……

立て直しことば

さあ やるか
世界の平和の
ためだ～

アハ

うちの子なら……

ことばで収める

- 負けたくやしさ表すことばを考えて、親子で練習しておきましょう。いずれジョークとして使えるセリフにすると楽しいです。
- 心にたまった興奮をことばにして、小出しにしていく体験を積むと、乱れても立て直しが早くなります。

やり過ごし

- つらい場所から離れる、好きなこと、運動、買い物に誘うなど、やり過ごす方法を試しておくと、安心です。

ピアノ

弾ける喜び

- まずは一本指でチャレンジ。
  とにかく「自分で弾けちゃった」と喜びを体験することが大切です。
- 楽譜、5本指、両手で弾く、などは子どもにやる気が出てきたら、
  少しずつ導入すればいいのです。
- その子の好きな曲、短い曲を2〜3曲聞かせ、選ばせます。
  ＣＭ曲や、ある曲のサビだけでもいいです。

ことば

- ドレミでいっしょに歌い続けると、子どもが口ずさんだり、
  鍵盤を探り弾きだしたりします。
- 「れ」を見ると「レモン」と言ってしまう子には、
    「**れ**」と歌いながら
    「**れ**」の文字チップを見せ
    「**れ**」の鍵盤を弾かせる
- だんだんに、「**れ**」の文字を見てレモンとは言わず、
  「**レ**」と読めるようになります。音と文字が結びついたのです。

よろこびの歌（ベートーベン）

み	み	ふぁ	そ	そ	ふぁ	み	れ
ど	ど	れ	み	み	── れ	れ	── ・

み	み	ふぁ	そ	そ	ふぁ	み	れ
ど	ど	れ	み	れ	── ど	ど	── ・

れ	れ	み	ど	れ	みふぁ	み	ど
れ	みふぁ	み	れ	ど	れ	ひくい そ	み ──

──	み	ふぁ	そ	そ	ふぁ	み	れ
ど	ど	れ	み	れ ──	ど	ど	── ・

その子が分かる文字楽譜でOK！　一本指で弾いてもOK！
弾ける喜びを最優先！　嬉しくなるから進んで練習としてくれる。

エーデルワイス（オーストリア民謡）

ファの指づかいは難しい。
前拍から心と指の移動練習をすると安心して、うまくいく

カメラ

指マーク

シャッターのところに
指マークを はる

余暇をゆたかに

- 大人になるまでに自分の楽しみをいくつか持てると心を元気にし、困った時をやりすごす助けになります。
  たとえば、カメラが好きになるか試してみましょう。
- 散歩に行って好きなものを撮りためてみましょう。（電車、花など）
- 今どきの若者雑誌や写真集もいっしょに眺めるのも楽しいですね。
- プリンターの使い方を見せて教えると、
  案外できることがあります。
- 写真を作品にしてみましょう。
  プレゼントしても喜ばれます。
  （写真シール、写真カレンダーなど）

とった写真は
Tシャツに プリント
しても たのしい !!

社会性

- 他人の家に入らない、急に他人にカメラを向けない
  などを教えるチャンスです。

ファッション

化粧水

ヘアメイク
ワックス

マスカラ

シュシュで
髪を結ぶ

カチューシャを
つける

レースリボンを
結ぶ

他者への意識

- おしゃれは、鏡を見ることにより、他人から自分はどう見られるか
  という他者意識や、自分を振り返る力（メタ認知）※を
  育むことができます。

社会性

- つい幼めな格好をさせていませんか？
- 年齢や時と場所に合わせたスタイルを、おしゃれ遊びで育みましょう。
- だらしなさすぎ、派手すぎになりそうなら、違う傾向の雑誌も見せ、
  「こっちも似合いそう」と誘いましょう。

手指のトレーニング

- 「おしゃれしたいな」という目的があると、「結ぶ」「束ねる」
  「そっとぬる」など、手指のトレーニングが楽しく、自然にできます。

※メタ認知：自分の思考や行動そのものを対象として客観的に把握し認識すること

趣味さがし

つまずきやすい人にとって自由時間は、曖昧なので、苦手な時間です。
成人したのちのことも考え、親もいっしょに子どもの趣味づくり、
趣味さがしをしてはいかがですか。休日が楽しみに変わりますよ。
趣味スクールなどの広告も参考になります。
わが子が好きそうなものに、○を付けてみましょう。

プラモデル作り	アクセサリー作り	手芸	お菓子つくり
スケッチ	フラワーアレンジ	ピアノ	カラオケ
ダーツ	ダンス	水泳	ランニング
ガーデニング 畑作り	大学キャンパスめぐり 緑がきれい いろんな情報を目にすることができる 学食や大学ブランド商品の買い物も楽しい	わが子なら……	

6
外　出

さぁ、出かけるよ！

行動コントロール

● 道順を時々変えましょう。同じ道、同じ店を固定化すると、本人だけの力では切り替えが難しくなります。

切り替える力

● 行動を切り替えたら、喜ばれる、という体験をさせましょう。
● できるだけ事前に予定を写真・文字などで知らせておきましょう。特に初めてのところは必要です。
● 急用のときは、「〜だからいっしょに出るよ」「急なときもあるよね」などと、いっしょに唱え続けて、子どもが自分自身に言い聞かせる力をつけましょう。

親の覚悟

● 子どもが大騒ぎするからといって、子どもの言うなりにしていると、「騒げばうまくいく」という学習をさせてしまいます。
泣いても親の言うとおりにしなければならない時があるという体験をさせることは、覚悟がいりますが、親子の信頼関係を強めます。
● 特に安全にかかわる時は、断固とした態度でいっしょに行動させましょう。かえって信頼感が深まります。

乗り物で

家で練習 ➡ 外で成功

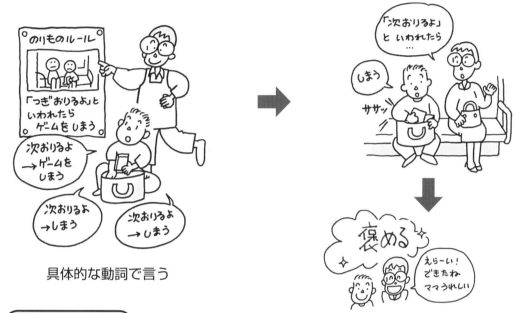

具体的な動詞で言う

いずれ一人で

- 自宅での遊び場面で、一人遊びできる遊びを探しておきましょう。
- 車内で親の体に抱きつかなくても安心できる過ごし方を、
  家でいろいろ試しておきましょう。
- 「乗り物ルール」を書いて貼っておくと、親子で意識できます。
  ルールを見せても同じ、字が読めないし、とあきらめず、絵を入れる
  など工夫してみましょう。案外、納得してくれることがあります。
- 少しずつ親から離れて座らせ、続けさせましょう。
  あとで、「大人になったね」と喜びましょう。
- 「言われたらしまう」と言う動作を、手をとって教えます。
  一度に３回繰り返すなど、高密度に練習すると定着しやすいです。
  ふだんから実際の車内で
  できるように練習し、
  成長を喜んであげましょう。

はなれても 座って いられる

車内で座る（女の子）

家で練習 ➡ 外で成功

- ●家でまず「おひざピタ・閉じる」と、親子で唱えます。
  次に、親が「おひざは？」とたずね、
  子が「ピタ・閉じる」と答えて動作する。
  まるで、上の句で、下の句を誘うようにして練習します。
- ●両ひざに親子で同じシールを貼り、足を閉じる動きの練習をします。
- ●電車に乗ったら、「できてるね、うれしいな」と
  小さい声で言い続けると、
  ひざを閉じ続けるサポートになります。
- ●親子の会話は乗客に快い印象を与え、
  親としての自己肯定感も高まります。
- ●いずれ、自分自身にも「今は閉じているんだ」と
  言い聞かせる力に進化します。
- ● ○ 「うれしいな」と小さい声で言い続けて、動作を保たせる。
    ✕ 「足、広げないで」「だめでしょ」など、否定的な説教。

82

降りるとき、帰るとき

家で練習 ➡ 外で成功

注意する力

● 「不注意」や「集中力不足」は、「性格」と思われがちですが、
実は「注意」も脳の働きで起こる力です。
つまずきやすい多くの子が、
注意を向け続けることが難しい脳の仕組みになっています。

● 子どもが、**わざと**忘れたと思わないでください。
子ども自身もどうして注意できないのか分からず、困っています。
「いっしょに練習しようね」と勇気づけてください。

いっしょに練習

● 「どうしてできないの！」と叱ってみても、解決はしません。
むしろ、親子でストレスをためてしまいます。

● 「注意力」は、「注意するための動作＝ことば」を結びつけて
育てられます。
自分で自分に言い聞かせて動く力が育つのです。

たくさんの人がいるところで

えんそく
1. → がっこう
2. → バス
3. → うみ
4. → おべんとう
5. → バス
6. → がっこう

イラスト
写真 つき予定表で 見通しをもたせる

子どもに応じて
時刻・活動なども
含める

聴覚過敏に
イヤーマフ

人ごみコントロール

- 「**行事 ＝ 不安**」と考えて、行事前には、
  不安をカバーするグッズづくりをしましょう。
- スケジュール表が"こだわり"になりそうなときや、
  表がないと不安が強まってしまうときにはやめましょう。
- できれば、事前に写真を撮っておきましょう。
  （インターネットや旅行会社のパンフレットも便利）
- 遠足などでは、家族で事前に下見をするというのも楽しいです。
- ほかの子と違うサポートグッズを持たせるときには、
  担任や引率の先生に了解を得て、ほかの子たちにも、
  そのグッズの意味を伝えてもらうように頼んでおきましょう。
  （例：イヤーマフ、サングラスなど）

場面に合わせたあいさつ

学校で先生に

おはよう
ございます

学校で友だちに

おはよう

ろうかで先生に

ペコ

歩きながら頭を下げるだけでもよい

街中で友だちに

あら～
みっちゃん
じゃない！

・・・・・

さよなら

ちょっと手をあげる など

さり気なさ

- 学校以外で友だちに会うと、戸惑ってしまって、無視したと誤解されやすい。
- その子らしい、さり気ないあいさつを、家で実際に練習しておきましょう。

場合分け

- 親を先生や友だちに見立てて練習しておきましょう。
- 先生には ➡ おはようございます
  友だちには ➡ おはよう　など
  問答形式で、何度も唱えて
  「場合分けできたね」と喜ぶと
  考えて行動する力が伸びます。

ちょっとした一言

言い方を練習しよう

早く　帰ろうよ〜

社会性

●叱る場面にしないで、「不満」を適切に表現できるチャンスにしましょう。

不満をためない

●その子のようすに合った言い方をいっしょに言い、
　「嫌なときは、こう言っていいんだよ」と伝えましょう。
●ことばで伝える便利さを知り、
　別場面でも、ことばで問題解決しようとする力が伸びていきます。

そばにいる

そばにいる

あら嬉しい
そばにいるね

待っててくれて
ありがとう

待ち合わせ

すきなことを
して 親を
待っている

すこしずつ
距離を

おけるようにする

喜びで支える

- 子どもを待たせすぎない習慣をもちましょう。
- 「嬉しいな、傍にいるね」と繰り返しつぶやき、
  そばにいるときから、喜んで行動を長く続けさせましょう。
- 遠くに行きそうになるしぐさを見つけたら、
  すぐ「えらいね、ここにいて」と褒める言い方で行動を整えましょう。
- 大人の話に入らないよう静かにしている時から、
  「待っててくれて、ありがとう」と、感謝をつぶやき続けましょう。
- 見えるところから次第に遠くで待ち合わせしてみましょう。
- 親の気を引きたくて、わざとあちこち移動しまうときには、
  「そばにいたら買い物しよう」などと、目的をもたせましょう。
- いつもメモ帳を持ち歩き、書いて伝えるのも約束の確認に有効です。

買 い 物

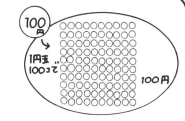

お金体験

● お金は　100円＝1円 ×100個を表わす
という、抽象的で難しいもの。
でも、ほしいものと交換できるという
わかりやすさがあります。小さいうちから
保護者同伴での買い物体験が、理解の基礎となります。

● 初めは同じ値段のもので、ぴったり払う練習をしましょう。

● 次に、おつりをもらうという、お金の出し方の練習をしましょう。

● 自信をもって、一品は自分で買える体験をもちましょう。
それを基準に、「安い」「高い」もわかってきます。

●「カード払い」は子どもの理解度やこだわり具合により、
使用を考えましょう。
「きょうは使う日」「一つだけ使う日」など、条件を付けて慎重に。

行動の切り替え

● 買い物に「こだわり」が出る前に、「きょうは、買う日」
「きょうは、買わない日」など、いろいろな場合を
事前に確認しましょう。
こだわりだしたら、しばらく休みましょう。

●「同じ店で、同じ物を買う」を固定化しないように。
ときどきお店や、通り道を変え、多様な行動体験をさせましょう。

後ろの人のためにドアを開ける

家で練習　➡　外で成功

きゃー!!

いたいなァ

他者意識

- 他人への意識や思いやりは、障害の特性上、
「説教」して「理解」させ、行動化するのは難しいです。

- 「他者を意識する行動とは、どうすることなのか？」
「他人を思いやる話し方とは、どういう話し方なのか？」
具体的場面で、「体験を通して」教え、感謝された体験をすることで、
他者への気持ちが、あとからゆっくり育ちます。

- 他人への行動や会話がよくできた時は、たくさん喜んでください。
さらにやる気が出てきます。

因果関係

- ドアをすぐ閉めてしまう ➡ 「ママがはさまっちゃう！」
という関係をわざと目の前で見せることで、
「なぜドアを開けておくべきか」を理解させることができます。

- 説教するよりずっとわかりやすく、自分から進んでやってくれます。

かさ（傘）

さすとき
しまうとき

すれちがうとき

社会性

● 傘をさすことは、自分と周囲の関係を理解する大切なチャンス。
　いっしょにやって成功した体験をつくって喜びましょう。
　また気をつけたくなります。

行動をつくる

● 子どものダメな行動を見つけたら、叱るのではなく、
　「適切な行動は、つくっていくものだ」と考えましょう。
　新しい行動や切り替えは、説教や命令では生まれにくいものです。
● してほしい行動を「ことば」にして言わせましょう。
　「かさ、ななめ」「よける」など。
● 次に「ことば」を言いながら「動作」をさせて、「ことば＝動作」を
　結びつけましょう。その場で、3回は繰り返して喜びましょう。
● だんだん子どもが、自分自身に言い聞かせるようになってきます。

相手の気持ちを教える

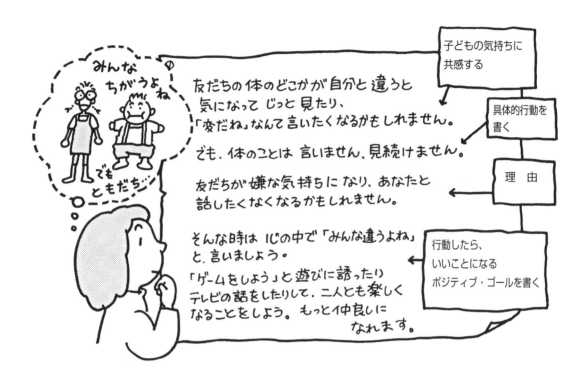

子どもの気持ちに
共感する

具体的行動を
書く

理 由

行動したら、
いいことになる
ポジティブ・ゴールを書く

みんな
ちがうよね
でも
ともだち

友だちの体のどこかが自分と違うと
気になってじっと見たり、
「変だね」なんて言いたくなるかもしれません。

でも、体のことは言いません、見続けません。

友だちが嫌な気持ちになり、あなたと
話したくなくなるかもしれません。

そんな時は心の中で「みんな違うよね」
と、言いましょう。
「ゲームをしよう」と遊びに誘ったり
テレビの話をしたりして、二人とも楽しく
なることをしよう。もっと仲良しに
なれます。

ソーシャル・ストーリー、コミック会話

- ●キャロル・グレイという学者が広めている社会性のトレーニング法。
  具体的な行動のしかたや理由がわかりやすくなります。
- ●子どもに合った書き方でノートに書いて、繰り返し見たり、
  ポスターみたいに壁に貼ったりして使います。
- ●イラスト入りだとイメージしやすくなります。

見えるようにして会話

● 見えない「気持ち」「暗黙の了解」は見える行動にして伝えましょう。

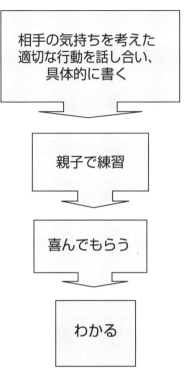

相手の気持ちを考えた
適切な行動を話し合い、
具体的に書く

↓

親子で練習

↓

喜んでもらう

↓

わかる

● 表情スケールや、絵でのコミュニケーション、カードなど
子どもに合った「**見える手がかり**」を探してみましょう。

● 文字が読めなくても分かります。とにかく書いて見せてください。
単語のかたまりやイラスト、その時の体験が支えとなり、
理解できることがあります。
分かりやすい工夫がうれしくて、やる気が出ます。

喜ばれて育つ

● 大切なのは、「言ってくれてうれしかったよ」と
必ず喜びを伝えること。

● 喜ばれることで、「自分のしたことと相手の気持ち」がつながり、
相手の気持ちへの想像力が育ちます。

Q

発作が起こる子への対応

遊びが楽しいと興奮し、発作で倒れることがあります。遊びを止めると怒り、いたずらをします。どうしたら、スポーツや趣味を発作なく楽しませることができるでしょうか。

（高校３年生男子　てんかん発作、知的障害　会話ができる）

A

❶ 医師に活動制限について相談してみましょう。

❷ やってほしい行動を「ことば」に変換し、書いてみせ、
  いっしょにことばで言う練習をしましょう。
  「5分やったら休憩1分→楽しめる（＾O＾）」。

❸ 休憩への行動切り替えを実際に体を動かして練習しましょう。

❹ 遊び、趣味の種類を探し、増やしていきましょう。
  地域センターや文化教室の広告を参考にすると
  意外におもしろいものが見つかります。

7
おやつ

会　　　話（お手本ガイド法）

❶ 会話の基本パターンを言って聞かせましょう

❷ 答えだけを引き出します

❸ いよいよ本番です

┌─ **会　話** ─────────────────────────

● 「お手本ガイド法」で各質問に対応した答え方を引き出しましょう。
　つまずきのある子は、頭の中でなんとなく答えがわかっていても、
　質問の意味や答え方がわからないことも多いのです。

● 子どもの **必要性** のある場面で練習すると、やる気が出ます。

● 話し手が何を言いたいのか、読みとるのが苦手です。
　説教を繰り返すより、「こう聞かれたら、こう答える」という
　約束パターンを具体的に体験させると意味がわかって、
　会話がスムーズになります。

● 「おうむ返し」してしまう子に、この方法が有効です。

● 「おうむ返し」はふざけているのではありません。
　なんとか答えようとしている姿なのです。

└────────────────────────────────

┌─ **動　き** ─────────────────────────

● 発達障害のある子は、身体イメージにもつまずきが多いので、
　壁、机、窓、自分の体などにしっかりと触れて、
　動作を定着させるようにすると有効です。

　　　○ 平面にさわって、まねっこ
　　　　触覚を手がかりにする

　　　✕ 空中で、まねっこ
　　　　できても定着しにくい

しっかりさわる

● 自分でした動きが、子ども自身にフィードバックされ、
　定着しやすくするため、平面にぴったり触らせて練習しましょう。

└────────────────────────────────

おやつ選び

「選ぶ」行動は、嫌いなもの、好きなものの組み合わせでやると、
引き出されやすくなります。

子どもの**目の前**で、絵の部分を切り取り、単語カードに変身させると、
文字と絵がつながりやすくなります。

選　ぶ

●「こっちがほしいな」と思っても、
　話し出すまで時間がかかる子、質問の意味がわからない子、
　伝える表現が分からない子がいます。
●ほしい物があれば、子どもが直接持っていくからいい、
　と思っていてはいけません。目の前に物がないときに、
　適切に「他人に頼む力」をつけることが大切です。

指さして遊ぶ

●絵・文字カードの２枚を見せます。

●「どっちがいい？　いちごがいい」
　問答を分けずに続けて言ってきかせます。　　　　（ことばのお手本）

　子どもの手をとって、指さしの形をつくり、
　好きな物のほうを指さしさせます。　　　　　　　（動作のお手本）

　「どっちがいい?」「い…」まで言って、　　　　　　　（引き出す）
　子どもから「いちごがいい」という答えを引き出します。

言って遊ぶ

●口形を見せたり、はじめの音だけ発音し、ほしい物の発音を誘います。

書いて遊ぶ

●字を書くのに興味がありそうな時期なら、
　「ほしい物を書いて教えて」と言って、書字の学習にもできます。

ことばを引き出す

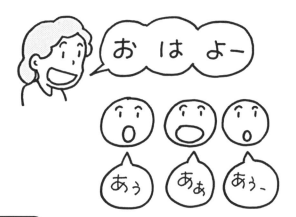

あきらめないで

- 「ことばは、もう出ない」なんてあきらめないでください。
  伝えたい思いはたくさんあるはず。「出せている音」から始めましょう。
- 身近で、短くて、必要性がある単語からとりあげましょう。
- 親子合わせて、ことば通りのリズムで、体を揺らしてみましょう。
- 音が違っていても、意識的に発音しようとしたり、
  リズムをまねようとしたら、褒め、喜んでください。

口 形

- まずは、形のまねだけでもOK。
- だんだんに、形のまねと同時に
  音も出せるよう誘います。

ことばを使いたくなる

- 発音しやすそうな物や、
  好きな物を要求する場面を
  何度もつくりましょう。
- 「ことばを使うと便利だな」と、
  わかってきます。

自分のことは自分で

理　解

- 「音——動作」「動作——量」など、
  ものごとの間を、一つひとつ結びつけて
  想像力のつまずきを埋めていきましょう。
- どの部分が結びついていないか、
  わが子をよく見て、
  結びついていないところだけを
  取り出して練習しましょう。

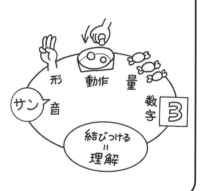

行動力

○ 自分で選んだ数を **自分で** 袋から出す（自立の土台づくりになります）。

✕ 親が全部してあげる。

社会性

- 他人におやつを分け、「ありがとう」と言われると、
  やる気が起きるし、他人への意識も育ちます。
- 「ありがとう」と言われたら、
  「どういたしまして」「いえいえ」など、返事の
  会話もいっしょに言って練習しましょう。

じゃんけん

手はにぎらず
そえるだけ

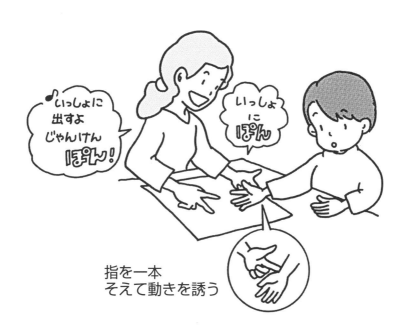

指を一本
そえて動きを誘う

後出しじゃんけん

- じゃんけんのしくみと動作のしかたを教える遊びです。
- 子どもの手を手形に重ね、歌の順どおり、動作のしかたを教えます。
- 「勝つといいことがある」という、じゃんけんの意味も教えます。
- 一つのパターンがほぼ理解できたら、別パターンを教えます。
- チョキ は、つくりにくいので、最後に教えます。
- じゃんけんシートなしで、やってみましょう。
  （はじめは、ヒントとして、シートを見えるところにわざと置きます）
- 自分の位置がイメージしにくいという特性があるので、
  空中でなく、平面に手指を密着させると
  指の形をつくる感覚が育ちます。

普通のじゃんけん

- 「同時に出す」ということを教えましょう。
- 子どもの手を取り、「ぽん」のかけ声と同時に、
  親子でいっしょに、指を机に置く練習をしましょう。
- しだいに、空中でも自分の指の形を意識し、
  同時に出せるようになります。

社会性

- 空中で指の形を保つことが、みんなのルールだと教えます。
- 「出したら止める」「他のに変えない」と声かけしましょう。
- 子どもが、他の形に変えてしまう前に、さっさと次の勝負を始め、
  成功体験をつくりましょう。

つくる喜び

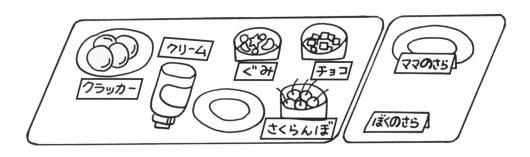

クラッカー クリーム ぐみ チョコ ママのさら さくらんぼ ぼくのさら

ことば

- 材料の名を単語カードにして、実物の上においたり、テープで
  くっつけると、「**実物—単語**」が結びつき始め、読みの土台となります。
- カタカナでも　ひらがなでも　OKです。
- 一字一字読めなくても、単語（**ことばのかたまり**）と実物が
  結びつくことが、先になってもOKです。
- 所有格（ママ　**の**　さら）
  自分の物と他人の物との区別を、「〜の」で表わすことを教えます。

つくれる喜び

- 「自分だけの力でつくることができる」という自尊心が高まります。
- お母さんといっしょにやって、出来ばえを褒め合うのも楽しい。
- 案外、子どものほうが芸術的な作品になることがあります。

社会性

- 自分の分だけでなく、きょうだいや親などの分にも意識がいくよう
  「お兄ちゃんにもつくってあげよう、喜ぶよ」と誘いましょう。
- 「ありがとう」と言ってもらい、「他人のために行動すると感謝される」
  という体験にもなり、自己肯定感が高まります。

前もって、厚紙
（ストッキングの台紙等）
を切って、単語カードを
つくっておくと便利です。
子どもといっしょに
つくってもいいですね。

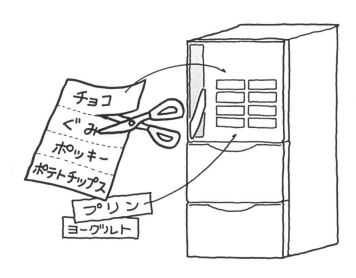

海苔（のり）で発音

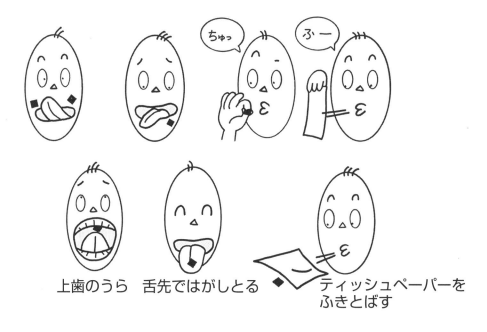

上歯のうら　舌先ではがしとる　ティッシュペーパーを
ふきとばす

スイカの種とばし競争

ストロー袋とばし

発　音

●海苔を使って、いろいろな舌や唇の動きを体験しましょう。

●つまずいている子のなかには、舌を動かすことと、音を出すことが、
同時にできない子もいます。

●親子で楽しく遊びながらやることが大切です。
やる気が出て、少しずつ2つのことが同時にできるようになります。

模　倣

●細かい模倣ができてくると、ほかの場面でも、まねっこが
スムースになり、お手本を見せるだけで、できることが増えてきます。

ことば

●前もって、海苔を切って容器に入れて「のり」と表示しておくと、
「**の**」「**り**」が読めるようになります！

●ほかのおやつも種類別に
「チョコ」「せんべい」などのようにするのもいいでしょう。

「右」「左」

右左ダンス （「茶色の小びん」を替え歌しています）

♪ 右手
とんとんとん

♪ 左手に
おやつ

♪ くるりと
回って

2人でピョンピョン

さっきの歌を
思い出そう
♪ ひだりてに
おやつ～♪

だから
こっちだ！

おやつが
かくしてあるのは
ひ－だ－り－!!

♪ ひだりてに
～♪

左手が
わかるように
なったら 右手に
かえて いこう

相対的なこと

● 右左のように、相対的なことを教えるには、体を動かしたり、
触ったりして、実感がもてるようにしてください。
● 子どもにとって、左右を理解したほうが「お得」なしかけも効果的。

くつしたレッスン

くつした
はいたら
おやつに
しようね〜

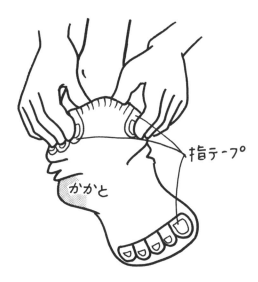

指テープ

かかと

床の上にかかとを下にしておく練習を
する

○ まる

✕ ばつ

← かかとは
下むき

どれが正しくてどれが
まちがいか ▢ と ☒ で
ったえる

手がかり

- そんなに楽しくない　くつしたレッスンに
  「くつしたをはいたら　〜にしようね〜」と目的を持たせましょう。
- 指マークを利用して、「ことば」「目印」「記号」は
  「生活に役立てるためにあるんだ！」という体験にします。
- 「ことば」「目印」「記号」を、生活のなかで意識し始めます。
- 困ったときに、自分で「目印」をつけようとするなど、
  子どもから解決しようとする力が育っていきます。
- 外出直前は忙しいので、時間と心に余裕のあるときにしましょう。
- はじめは親が手伝って、成功させましょう。
  （シールだけ貼って、子ども任せにしないようにしましょう）

好きなお母さんに会うと髪を触ってしまう子への対応

ある友達のお母さんが好きで、見つけると髪を触りに行ってしまう。

体も大きく、違和感があります。どうしたらやめさせられるでしょうか？

（中学３年生男子、身長165cm　単語で会話　知的障害）

ほかに、好みの男子を触ってしまう（中学校３年生女子）

外で授乳の真似をする（高校３年生女子）

好きなお母さんに会うとズボンに手を入れてしまう（高校１年生男子）

- 髪を触るという行為は、「ちょっとしたおしゃべり」のつもりかと思います。
  けれども、自分の思いをサラサラ話せないので、今の自分にできる表現を
  してしまっているということでしょう。
  しかし、中学生の体の大きさでは社会的に歓迎されません。

- そこで、「禁止!!」ではなく、「ことばやサインに切りかえていく」
  というイメージでいきましょう。

- 話せる人なら、適切なセリフをいっしょに言って練習をしましょう。

- 発音が難しいなら、サインや身振り表現を日常生活で練習しておきましょう。

- 発音が難しいなら、単語カードに文例を用意し、相手に見せるとか、
  小さいメモ帳とペンで、大人に尋ねられたことを○や×を指さしするなど、
  会話の工夫をしている人もいます。

- 話し相手が安心できる適度な立ち位置を、練習しておくことも大切です。
  「近すぎ」「離れすぎ」「ちょうどいい」の３タイプでやって、
  「ちょうどいい」だけを褒めましょう。

8
夕　食

はし・スプーン・フォーク

5回チャレンジ

● はしで、**つまみやすい**おかずを5個入れておきます。

● 5回だけ、はしやスプーンなどを使って食べます。
「5回チャレンジしたら　**カラ**　になった」というスピード成功体験で
やる気を引き出せます。

● 5回チャレンジした後は、いつも通りの食事にしてホッとしましょう。
最近は、「しつけ用のはし」が販売されています。
せかさず、しばらく使わせて、手指の形を教えてもいいでしょう。

見通しをもつ

● 少し足りないくらいに盛ります。

● 完食の見通しがつき、動作が速まります。

● 「お・か・わ・り」という発話を誘いましょう。

● だらだら食いを防ぎます。

● 「すぐ食べたね」と
喜ぶチャンスが増え、
親子でハッピー。

足りないくらいに
盛る!

口を閉じてかむ

発 音

● 口を閉めてかむと、舌や口腔の筋肉をいろいろな方向に動かすので、発音学習の基礎になります。

● 「呼吸 しながら かむ」という2つの動作が同時にできないときがあります。2つの動作が同時にできることも、発音には大切です。

● 口の中で魚の骨やぶどうの種をよけるなど、大人がやり方をみせて、舌や唇のいろいろな動きを育てましょう。

● 「もぐもぐ閉じてかむ」など、すべき動作を「ことば」にして、小さい声で言い続け、正しい動きが続くよう助けましょう。

● 脳が新しい動きを学習するには時間がかかります。「口閉めなきゃダメでしょ」なんて叱らずに、気長に！

● もちろん、食事のマナーとしても大切にしたいですね。

● 「閉じてる！うれしい」と喜んでください。やる気が出ます。

偏　　食

栄　養

● 栄養状態が悪くて心配なときは、医師、保健所に相談しましょう。

二次的障害

● むりやり食べさせてはいけません。

　「**会食恐怖症**」になる心配が報告されています。

● 感覚過敏は、想像以上につらいと最近の研究でわかってきています。

　脳の働き方で、自分の力ではコントロールしづらいのに、

　身近な人にわかってもらえないと孤立感が大きくなり、二次的障害に。

● 食事は、ふつう1日に3回という頻度で一生続きます。

　その回数、不安感を重ねると、いたずらやトラブルのきっかけに。

● 食べ物の変化が受け入れづらいのです。「おいしい」と思えるまでには

　時間がかかることを子どもに説明し、罪悪感をとってやりましょう。

ゆるやかな変身

● 苦手なことを「ことば」や「サイン」で表現する練習をしましょう。

● まったく別のことでも、その子が得意なことを褒めて

　自信をもたせましょう。偏食については、やり過ごしておきます。

● 野菜づくりや料理を自分ですることで、産地がどこかわかり、

　安心して食べられることもあります。気長に誘ってみましょう。

世間ばなし

視野を広げる

● ついつい障害ばかりに目が行き、話題を狭いままにしていませんか?

● 障害の状態にかかわらず、今、世間で注目されていることを、
子どもの前で話題にし、子どものわかる方法で気づかせ、
視野を広げる手助けをしましょう。

● 新しい世界を知ると、やりたいことが見つかったり、
ほかの人との会話に参加できたりします。

● 小さい世間ばなしが言えるように、大人のまねでいいから、
いっしょに言わせてみましょう。子どもの世界が広がります。

きょうの◎　きょうの✕

失敗の表現

- 夕食を囲んで、「きょう良かったこと　◎」「悪かったこと　✕」を、親も子どもに話してやりましょう。
- 親の失敗談を聞いて、失敗は誰でもすることがわかり、安心して自分の失敗を表現できます。子どもがストレスを小出しにでき、大パニックにならずにすみます。
- 親のモデルを聞いて、「他人への謝り方」「立ち直り方」「なぐさめ方」を知ることができます。

9

お風呂

しぼる　洗う

しぼる

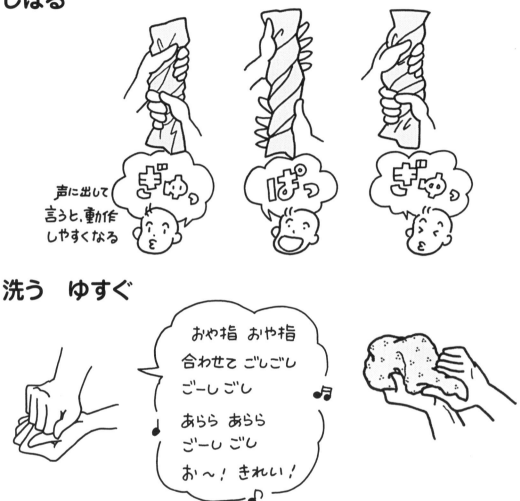

声に出して
言うと、動作
しやすくなる

ぎゅっ

ぱっ

ぎゅっ

洗う　ゆすぐ

おや指　おや指
合わせて　ごしごし
ごーし　ごし

あらら　あらら
ごーし　ごし

お〜！きれい！

つまずきを見抜く

● 動作を教える時、単なる繰り返しはやる気を失わせるので避けましょう。

● つまずいている動作を「ひとつだけ取り出して」練習しましょう。

● 「洗う、ゆすぐ」の場合、親指の付け根どうしをこすり合わせる動作
を取り出す必要があります。

● 「ひとつだけ」できていくことが、子どもの自信になっていきます。

ことばの練習

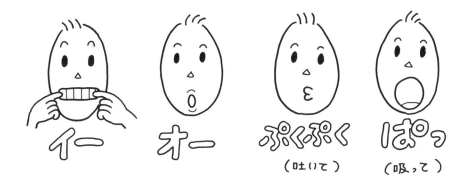

イー　オー　ぷくぷく（吐いて）　ぱっ（吸って）

力をゆるめて

- お風呂はリラックスできるので、力まずに舌や口のまねができます。
  口形をまねするだけでなく、同時に音もまねできるように
  誘ってみましょう。
- 息でおもちゃを動かして、長く息を出し続けられるようにしましょう。
- プールを怖がる子どもには、息を吹き出していると、
  水は口の中に入ってこないという体験をさせましょう。
  安心して息つぎ練習に移っていけます。
- 息を出したり、止めたりするまねっこもしてみましょう。
  発音の練習になります。

体を洗いながら

体の位置感覚

- 身体の位置や動きのイメージが、自分の体でありながら、未発達な子どもがいます。
- 親子で鏡に向かい合い、「頭のうしろ」などと、部位の呼び名をいっしょに言って洗いましょう。
- 泡状せっけんをくっつけて、体の部位をわかりやすくするなど、いろいろな手がかりで遊びながら、身体地図の発達を促しましょう。

自己コントロール

- 泡をつける場所を指示され、正しい部位につける遊びで、「聞いて動作する力」が育ちます。
- 「聞く力あるねー」と喜んでください。指示を聞き取ろうとする意欲が生まれます。

社会性

- 「聞いて動作する力」を育てていくと、集団場面で、周囲に流されて行動するのではなく、自分が聞いた意味を理解し、考えて行動する力を育てられます。

足して5　足して10

指ボウリング

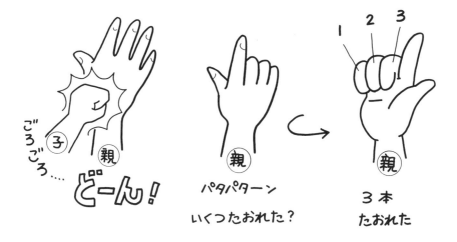

ごろごろ…
子　親
どーん！

親
パタパターン
いくつたおれた？

1　2　3
親
3本
たおれた

指で計算

● あったものが見えなくなった時、数を覚えておくことは算数の基礎。
● 湯舟につかりながら、指をボウリングのピンに見立てて
　指ボウリングをして、親子で遊んでみましょう。
● ボール役とピン役を交代してやってみると、より理解が深まります。
● 残った数から、倒れた数を予想できると、
　足し算・引き算の基礎になります。

中で体をふく

他者意識を育てる

- 「風呂場の中で水滴をふき取ること」を、子どもの手をとり、大人と いっしょにやり続けて、「すべらない」「ありがとう」と喜びましょう。
- 「ふいたら出る」「ふいたら出る」とリズミカルに唱えて練習しましょう。
- こぼれた水で足がぬれ、他の人が困る場面をわざとみせて、 「浴室の中で水滴をふき取ること」の理由を教えましょう。
- 幼いうちから、脱衣場を水だらけにしないのが当たり前 という感覚を育てましょう。
- 体が大きくなってから教えるのは、よりエネルギーが必要です。

📖Q&A📖 どうしたらいい？ こんなとき

Q

気に入らないと座り込む子への対応

気に入らないことがあると、すぐに座り込んで、動かなくなってしまいます。
どうしたらよいでしょうか。 （中学2年生女子　ダウン症）

A

二段構えでいきましょう。

その場──安全確保だけ。

日　常──要求をことばにする練習。

　　　　　適当な行動をふやし、自己肯定感を高める。

❶ 安全確保

　危険がないなら、いつ、どんな方法で「座り込み」を
　やり過ごすか見はかりましょう。
　叩いて、不満解決をさせぬように、よけていましょう。

❷ 日常から「いやそうなしぐさ」を見せたときが、ことばで表現する力を
　育てるチャンス。「いや」「〜したい」など、子どもが、今できそうな言い方、
　サインをいっしょに練習しましょう。

❸ できることが増えるとトラブルが発生しにくくなります。
　家事など「できること」からいっしょにやって、
　「助かったよ」「ありがとう」と喜びましょう。やる気が出てくるはずです。

10
夜

練習歯みがき

わが子にあった手がかり

- ●夜の歯みがきは、いろんな手がかりで、
  みがき方を教える時間にしては？
- ●**動く手がかり**
  親子で鏡に向かい同じ動作を見せ合って、正しい動きを誘いましょう。
- ●**触る手がかり**
  子どもの手に軽く触って正しい動かし方を補助したり、
  みがいた歯に触らせ、「みがき終わりのスベスベ感覚」を体験。
- ●**見る手がかり**
  手順をイラストにしてわかりやすくするのはいいのですが、
  手順カードめくりが感覚遊びにならぬよう、
  ときどきはげましながら、手順表をはがしてやってみましょう。
- ●**聞く手がかり**
  手順を歌にして、毎日歌って聞かせると、
  だんだん子ども自身が歌いだしたり、
  メロディーに支えられてみがくようになってきます。

ローション・肩もみ

手首・指の動き

● きれいになる楽しみのある動作や、
　「ありがとう」と感謝される動きは
　自分からやりたくなるので上手になります。

● いくつもの動きの連動も高められ、コンパス・定規・縄とびなど、
　道具の扱いもスムーズになります。

右・左

● 歌にあわせて、顔に化粧水をたたいてみましょう。

● ほっぺにふれながら歌うので、「右・左」が確認しやすくなります。

● 右・左を指定して、肩や足のマッサージをしてもらうのもいいです。

● 「ありがとう」をお忘れなく。次々やる気がでてきます。

布団をしく

かけ声を  に書いて
貼っておこう
音と文字が結びつくきっかけになる

器用さ

● 「不器用で……」と悩んでるなら、布団しきが役に立ちます。
● 体全体を使う、両手・両足を使う、力を思いきり出す、
　大きく体を動かす、などをすると動作のつながりがなめらかになり、
　細かい手指の動きやバランスもよくなってきます。

身体地図

● 自分の体なのに、壁との距離がわからなくてぶつかるとか、
　思ったとおりに体を動かせないなど、身体地図が未発達な子がいます。
　叱らず、すぐ横で動きを見せて、いっしょにやりましょう。
● シーツをしく、枕を置く、などの仕事が役に立ちます。
　実際に動作することで「右」「上」などの方向を表すことばと動作を
　結びつけることができます。

ことば

● 「よいしょ」「エーイ」など、動作しながらの実感の伴ったかけ声は、
　発話を誘うのにとても役立ちます。
● 使ったかけ声をせりふカードにして、布団の入った押入れなどに
　貼っておくと「**え　い**」というひらがなが音と結びつき、
　読めるようになることがあります。

ベッドの人も

● かけ布団を直して起きる、きょうだいのベッドメイクもしてあげる、
　など全身を使って、力を入れる動作を見つけましょう。
● 2人で行なえば、相手と調整する力もつきます。

ボタン・ファスナー

指シールを
つけてみよう

ひきだす

下から押しだす
ひきだす

ボタンをたてに押しこむ
下から押しだす
ひきだす

親がここまでしておいて
　最後の動作
　少し引っぱったら
　ボタンかけ完成という
　動作だけさせる。

親がここまでしておいて
　最後から2番目の動作
　最後の動作をさせる。

親がここまでしておいて
　最後から3番目の動作
　最後から2番目の動作
　最後の動作をさせる。

逆から

● 子どもに動作を教えるとき、最初の動作から順に教えるのが一般的です。
　しかし、集中力の短い子には、逆に最後の動作から教えたほうが、
　終わりが見えて効果的です。
● ビデオの逆送りのように。（バックワード・チェイニング）

条件を良くして

●新しい動作に挑戦するだけでも負荷がかかるので、
　材料・素材の条件は、扱いやすいものを選び、
　成功体験に結びつけましょう。
●大きめのボタン、ファスナー、つまみやすい裾などを見つけて
　みましょう。
●「ゴム製の糸」でボタン付けすると指が動かしやすいです。

いいことあるよ

●子どもにとって大した必然性のない動作を教えたいときは、
　「できたら遊べるよ」「ママが喜んでいる」など
　子どもにとっての楽しい目的をしくんでおくと、やる気が出ます。

手がかりで動きをさそう

●「指マークのシール」を貼ると、どこに指を置けばいいのか
　分かりやすくなり、動きが楽に引き出されます。

「ゴム糸」でボタン付け！
ボタンが扱いやすくなる。

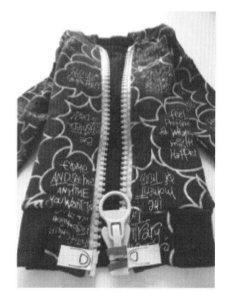

指のマークを見印に、
手の動かし方を考えて動作できる。

おだやかに寝入る

布団の上で　ごろごろ　など。
あまり興奮させすぎず、
ほんわか楽しく。
５回限定、２分だけなど、
「終わり」を決めて
体を動かしましょう。

寝たくなる切りかえ

- 寝る前の手順を、時刻やイラスト入りで書いて見せましょう。
  遊びから準備への切りかえがスムーズになります。
- 布団に入る前のほんわか楽しい時間をつくると、
  早く寝ることを納得してくれます。それは、早起きにつながります。

親の気持ち

- 親に不安や心配事があると、いらいらした気分が子に影響します。
- 「お母さんも大変なのよー」と子どもに話してみましょう。
  子どもにおとなの相談役になる役割ができ、
  聞く力・話す力を伸ばします。
- 紙にストレスを書き出して、心の整理をするのもよいでしょう。

運動量

- 睡眠の乱れがある子を、無理に寝かせようとしなくてもいいです。
  寝ないその日はあきらめて、
  翌日以降の過ごし方を考え直しましょう。
- 日中、家事を親といっしょにするなど、運動量を確保する工夫を。

「おやすみなさい」

ことば

● 1日のできごとを「気持ちことば」と結びつけ、
　いっしょに言ってみましょう。
● 表現できる言葉が増えると、不満や不安が減ります。
　　（びっくり　がっかり　うれしい　など）
● 戸外で、親への抱きつきを減らすためにも、
　ことばでのやり取りを誘いましょう。

発音

●「いびきごっこ」をして、いろいろな音まねを誘い、
　発音のための口の動き、舌の動きをなめらかにしましょう。

134

11
人間関係

スキンシップから　ことば表現へ

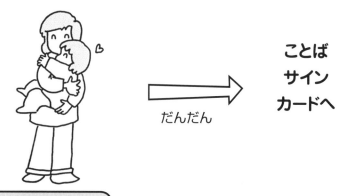

だんだん

ことば
サイン
カードへ

成長にあわせて変えていく

幼児期

- 思いっきりスキンシップ

  「○○ちゃん大好き」など、声に出しましょう。

- 要求するためのことばを育てます。「やって」「ちょうだい」など。

- 家のしごとをいっしょにすると自信のある子に育ちます。

小学校1、2年

- 家の中では、思いっきりスキンシップ。

- 外では、サインやことばでのやり取りを誘い、

  「できるね」と喜びましょう。

小学校3、4年

- 家の中では、スキンシップを受け入れ、

  少しずつサインやことばでの表現を誘っておきましょう。

- 外では、親がスキンシップしないでいい立ち回りをして、

  少しずつ、サインやことばでの表現をふやし、

  「うれしいな」と喜びましょう。

小学校5、6年

- 「家の中ではべったり　外ではことばで」を合言葉にし、

  ことばを誘いましょう。

- ふだんから家で、「外では、サイン、ことばで教えてね」と言って、

  やり方を、手をとって教えておきましょう。

親子ばなれ

中学生

- 家の中では、救急的なときだけスキンシップを受け入れますが、
  できるだけ、ことば、サインでの表現を誘い、いっしょに言って、
  練習しておきましょう。
- 外では、スキンシップしたくなる場面をつくらない工夫をします。
  手本になることば、サインを誘っ
  てはみますが、難しそうなら、
  次のチャンスを待ちましょう。

高校生

- 家では、異性への話しかけ方、
  近づいてよい距離など、
  具体的に動きながら
  練習してみましょう。

- 触らず話すことは特に大切。
- どうしても触れて安心したがるとき、
  早々に、離れる話の流れにして、距離をとりましょう。
- 共感のことばを「わかる、わかる」「よくがんばってるよー」など、
  小さい声で言い続けて安心をつくりましょう。

子育てにイライラしたら

やり過ごすセリフ

- 子育てにイライラは付き物。親だって疲れます。
  親自身のイライラをやり過ごすセリフを考えておきましょう。
- 前もって口に出してセリフを練習しておくと身につきます。
- 小さいトラブルはやり過ごし、エネルギーを蓄えておきましょう。
  「ここぞ！」というときこそ、エネルギーを出して子育てしましょう。
- イライラの原因を探りましょう。
  純粋に子どものことではない場合があるはず。仕事、つれあい、など。
  それがわかると、誰に相談したらよいか、解決策がはっきりします。

あやまる

- 大人だって間違うときがあります。親自身にちょっと後ろめたさが
  あるようなら、子どもに「ごめんね、ちょっと疲れていたの」など、
  誠実に謝ってみましょう。
- 子どもも素直に謝ることが普通の感覚になります。

うまく教えられないとき

いっしょに
やろうね～！

お゛～もう

私がイライラしている時は
いっしょにやって ニコニコ
しようっと！
落ちついている時に
やれば いいわ

親子関係

- 子どもにやってほしいことがうまく伝えられないとき、
  子どもが受けつけないときがあります。
  そんなときはしつこく追いつめないことです。
- キーワードは、「いっしょにやろうね」。
  こう言いながら共同作業し、手早く終了させ、親自身のイライラを
  小さく収めましょう。心の大爆発を回避できます。
- 怒りに使わなかったエネルギーをもっと別の行動に使いましょう。
- 外出先では、「いっしょにねぇ」と親が子に声をかける姿は、
  周囲の人からも好意的に見られ、親自身の心も和らぎます。

年　齢

- 思春期から上（小学校5年ぐらいから上）の子どもには、
  べたべた、さわらず、距離をおくことが大切です。
- すべきことへの注意が持続するように「～してね、～してね」と
  声かけだけがよいときもあります。
- 子どもの出方によって対応を工夫しましょう。

夫　　婦

そこそこの 距離を 調節

距離感

- 一番いい関係でありたいけれども、調整が難しい時もあります。
- **わたし**を主語にして話しましょう。命令ではなくなります。
- 自分の気持ちを「ことばに変換」しましょう。
  「**わたし**ね、昨日あなたに言われて**悲しかった**よ」
  「**わたし**ね、あなたに〜してほしかったの」
- 自分の主張ばかり言い放って終わりにしないで、相手の考えを相手の口から聞きましょう。（いっしょに考えるきっかけになる）
  「わたしは、○○○だと思うけど、あなたは、**どう思う?**」
- 相手が「子どもにしてくれたこと」を、あえてことばで感謝。
  「ときどき、子どもに○○○してくれてうれしいよ。ありがとう」
- どうしてもわかりあえないとき、
  - ここだけで解決しようと追いつめ過ぎない
  - おしゃべり、スポーツなどでリフレッシュ
  - 相手とのあいだに壁を置いたつもりでしばらく距離をおく
  - 参考書を読んだり、カウンセリングを受けたりする
  - 紙に自分の考えを書いて落ち着いてみる

きょうだい

自己肯定感

- 発達障害のある子が、きょうだいのためにがんばる姿を、あえて見せましょう。
- きょうだいが「ありがとう」と感謝したくなる場面をつくりましょう。

独り占め

- どの子にも、ママやパパを独り占めし、思う存分甘える時間をつくりましょう。「10分ママタイム」とか、「5分パパタイム」とか。
- 小さなトラブルや不公平感が解けて元気になります。

家族の価値観

- できる人が○、できない人が✕という価値観を、「チャレンジしている人○」にしていけると、どの子もやる気が出ます。
- 「チャレンジしてるねぇ、うれしいなぁ」「何度も練習しているところがママ好きだよ」など、頻繁にことばにして言うと、これが家族全員の価値観になり、障害のある子の心を支えることになります。

祖父母と

適度な距離感

- 「世代間境界」ということばがあります。
  祖父母であっても、自分たち夫婦（子の親）とは世代の間に
  境界があるということです。
- この境を頻繁に、不快に越えてこられると、トラブルが起きたり、
  ストレスになったりします。
- 祖父母は「境界の外の人」と考え、少し気を静めましょう。
- 今までの苦い思い出が積もっているようならば、遠めに距離をとり、
  自分たちの心を安心させましょう。
  しかし、あいさつぐらいはしましょう。

「できた」報告

- 最後まで子に責任を持つのは親です。
  親と同じようにしてほしいと願いすぎるとトラブルのもとです。
- 協力してほしいと願うのならば、
  「〜ができたんですよ」
  「〜をちょっと手伝うとうまくいくんです」と、
  〈できた報告〉をしてみましょう。
- 孫を正しく理解してもらえる情報を提供できたと考えましょう。

協力してほしいとき

- 「パン粉付けのお手本みせてやってくれますか？」など、
  具体的にお願いするとよいでしょう。
- 「助けてください」など、あいまいなお願いは文句と誤解されたり、
  適切な手伝いになりにくいものです。

先生と

先生に伝える

先生、うちの子 夕食の片付け 全部 してくれたんですよ うれしかったわー

学校でも褒める

お〜えらい！ 働き者ですねえ. 明日 褒めてやろう

家でも褒める

いつも お世話に なってます 家でも 褒めたいのですが. 学校で 何か いい事があったら 教えて いただけますか？

とび箱のとき、友達を励まして いましたよ

親・子ども・先生の いい循環

相談し合える関係

- 先生と保護者という立場の違いは押さえながら、
  お互いに話し合える関係を保っておくと、
  子どもにとてもよい環境になります。
- 学校がリードすべきことではありますが、まったくの学校任せは、
  「〜してくれない」等、敵対関係になりがちです。
- 家でうまくいった方法などを伝えると、
  先生にとっても役立つ情報になります。
- お互いに良い情報を交換しあって、
  子ども・先生・保護者の三者のよい関係を保っておきましょう。

情報交換

- 家での子どものよいところを、先生に"披露"しちゃいましょう。
- 学校で、先生が子どもをのよいところに注目する機会を
  つくったことになります。
- 逆に、学校でのよいところも聞いて、外での行動をほめ、
  喜びましょう。
- 子どものよい面をゴールに、先生と親が情報交換でき、
  信頼関係が深まります。
- 信頼関係のあるところでなら、困ったことも、
  子どもをよくしようというゴールに向けて、相談し合えます。

子どもの友だちの親ごさんと

- 友だちのよいところを、その親ごさんに伝えてみましょう。
- ちょっとしたおしゃべりでも「互いの子どもの良いところ」を
  話題にすると、良いこと・困ったこと、どちらも分かります。
- さまざまな場面での危機を知る機会になり、
  適切なタイミングで助けることができます。
- 情報交換しあっていると、冷静に自分の子のことを考えられます。
- どんなに仲のよいママ友だちでも、
  どれくらいの「親しさ」が自分にとって快いか、
  相手との距離は調節しておきましょう。

Q&A　どうしたらいい？　こんなとき

Q

「こだわり」 から抜け出せない子への対応

同じDVDを聞き続け、外出するときにもそれを持ち歩かないとダメ。

不安なときや"ひま"なとき、それらがないとさわぐ。

どうしたら、このDVDなしで生活できるようになるでしょうか。

（中学校2年生女子　自閉症）

ほかに、「牛乳の飲み干し」「調味料の飲み干し」

A

「こだわる」＝それしか一人でやれることがない。もっと一人でやれることを
増やしたいと子どもが訴えている、というイメージでいきましょう。

1 言えることば・サインを増やす。

2 行動の種類を増やす（できれば運動的なもの）。

3 ことば、サイン、行動を増やすために親はお手本をいっしょに言ったり、
やったりして、子どもが「できた」と思えるようにしましょう。

4 生活の中で「いつも同じ」を少なくしましょう。
変化の前、最中、後も、「いろんな場合があるね」と伝えて、
変化に慣らしていきましょう。
（例）野菜の切り方　通り道　服　髪型など

5 ゆるやかだけれども変わってきます。
あきらめないで友だちや先生に経過を話し、アイディアをもらい
元気を補充しながら続けましょう。

どうしても許せないとき

どうしても　許せなかった……

事実を確かめよう

- どんなことがあったのか、わが子だけではなく、友だち、先生などに確かめてみましょう。感情抜きで、まずは事実を書き出しておきます。
- この作業を通して、冷静に考えをまとめましょう。
- 落ち着いて、事実を確かめる行動は、子どもにとってもよい手本になります。

仲間をつくろう

- ふだん、おしゃべりしながら、信頼し合える仲間をつくりましょう。
- ただし、信頼できる相手を選びましょう。
- 相談して気を晴らすだけではなく、話しながら、
  親としての考えをまとめましょう。
- 後々、仲間とのやり取りは、
  親として成長できたうれしい時間になります。

話し合いを求めよう

- 事実を確かめたうえで、
  子どもの安全と安心が脅かされているときは、
  学校や園に話し合いを求めましょう。
- まずは、担任の先生に相談するのが筋。
  場合によっては、誰に話を持っていったら、
  解決に結びつくかよく調べ、考え、行動に移しましょう。

学校・園との話し合い

- 話し合いの冒頭、話し合いの目標を言いましょう。
  「子どもの安全と安心のために、
  力を合わせて解決策を話し合いたい」と。
- 目標に合わせて、ことばを選んで話しましょう。
- 事前に伝えたいことをメモしておくと安心。
- 当日は、双方が冷静になるため、仲間に同伴してもらい、
  話し合いの内容をメモしてもらいましょう。
- そのメモをもとに後で、自分の考えや行動を整理しましょう。
- メモは「事実」と「気持ち」に分けて書くと冷静になれます。

相談力は百人力

相談力

- ●誰だって、人生も子育ても悩みはいっぱいあって当たり前。
- ●トラブルは小さいうちに相談！ 見通しがついて少し元気に。
- ●相談できる人をたくさんつくりましょう。行動する力がわいてきます。
- ●「困ったときに助けを借りて、前向きに生きていく大人の態度」は
  子どもにとっていいお手本になります。

きらっと

ファミリーから

子どもの学年は指導時（2018年）

「乗り越えグラフ」で成長を視覚化！やる気アップ♪

小学4年生
Rさん

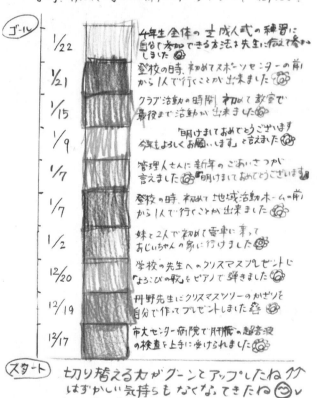

乗りこえグラフ No.14 🌸

口で伝えて乗りこえられた時. 変更しても大丈夫な時. 初めての事が出来た時にグラフをつぬれるよ!!

ゴール

1/22	4年生全体の 士成人式の練習に自分で参加できる方法を先生に伝えて参加しました 🌸
1/21	登校の時. 初めてスポーツセンターの前から1人で行くことが出来ました 🌸
1/15	クラブ活動の時間. 初めて教室で最後まで活動が出来ました 🌸
1/9	「明けましておめでとうございます今年もよろしくお願いします」と言えました 🌸
1/7	管理人さんに新年のごあいさつが言えました 🌸 「明けましておめでとうございます」
1/7	登校の時. 初めて地域活動ホームの前から1人で行くことが出来ました 🌸
1/2	妹と2人で初めて電車に乗っておじいちゃんの家に行けました 🌸
12/20	学校の先生へのクリスマスプレゼントに「よろこびの歌」をピアノで弾きました 🌸
12/19	丹野先生にクリスマスツリーのかざりを自分で作ってプレゼントしました 🌸
12/17	市大センター病院で肝臓の超音波の検査を上手に受けられました 🌸

スタート 切り替える力が グーンと アップしたね ♪♪
はずかしい 気持ちも なくなってきたね 😊♪

「きらっと」に通い始めて、気持ちの切り替えがスムーズになってきました。丹野先生と相談して「乗り越えグラフ」を作ってみました。初めての事、予定変更を受け入れられたら一目盛ずつ塗っていきます。

2つの事に気をつけました。

①本人が自覚していなくても、**できている時**を見つけて、

「今、できていたよね」と、ことばに出して、一緒に喜びました。

②**出来そうな目標**から始めました。

本人も自分の成長をグラフで実感でき、自信に繋がっているようです。

これからも、息子のがんばりが「見えやすくなる工夫」をして

一緒に喜び、勇気づけていきたいです。

✿✿ きらっとファミリーから

「スマホのお布団」
で切りかえられた！

小学1年生
しょうさん

スマホのお布団

息子がYOU-TUBEから離れられず、夜寝るのが遅くなり困っていました。

ある日、近くにあった箱にスマホを置き、小さなタオルを掛け、

「スマホのお布団だよ！」と言うと

息子は、にこっと笑って、納得。

この日以来、スマホを置いて、寝るようになりました。親子で生活が楽になりました。

見える「手がかり」を探してあげると、自分から行動してくれるんだ、と嬉しくなりました。同じような悩みをお持ちの方がいらしたら、一度試して頂きたいです。

強みから学習スタート

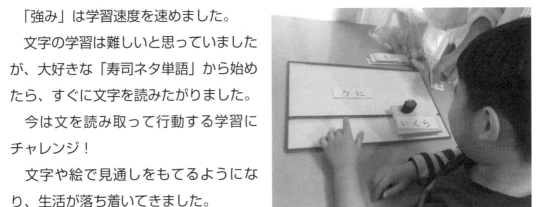

「強み」は学習速度を速めました。

文字の学習は難しいと思っていましたが、大好きな「寿司ネタ単語」から始めたら、すぐに文字を読みたがりました。

今は文を読み取って行動する学習にチャレンジ！

文字や絵で見通しをもてるようになり、生活が落ち着いてきました。

たくさんの
「できたね」
「ありがとう」で、
育てたい

小学4年生
ゆうきさん

次にやることは、書いて伝えました。

見通しがついて、できることが増えました。

行動も早くなりました。

はな丸やシールに加え

「できたね」

「ありがとう」

とたくさん伝えてると

やる気がアップ！

親子で嬉しくなる毎日です。

読んだことを行動する学習。
5㎝に昆布切り、長さの学習も。
ママは助かるよ。ありがとう。

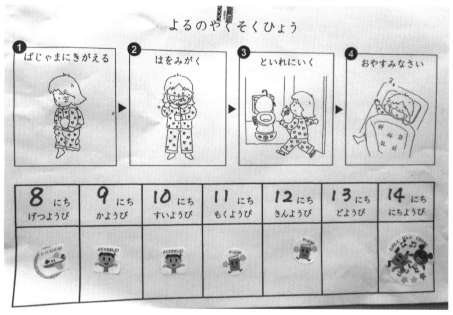

よるのやくそくひょう

❶ ぱじゃまにきがえる	❷ はをみがく	❸ といれにいく	❹ おやすみなさい

8にち げつようび	9にち かようび	10にち すいようび	11にち もくようび	12にち きんようび	13にち どようび	14にち にちようび

一人でやり遂げたい！

小学6年生
Aさん

やり遂げるために、質問する力もアップ！

　思春期真っただ中の我が子。

　人に指示されず、何かを一人でやりとげたいという気持ちが、強くなってきました。

　最近の楽しみは、お菓子作り。とにかく一人で！スマホの料理アプリでお菓子を検索。材料が家にあるか、チェックすることから始めます。無い材料はメモして、母に買い物を頼みます。

　アプリ動画を観ながら作ります。秤や計量カップで材料を計り、混ぜたり、粉をふるったり、ハンドミキサーの扱いも慣れてきました。

　最初の頃、二人で悪戦苦闘しながら作っていたのが、遠い昔に思えます。大変なこともありましたが、続けてきてよかった。

　粗削りではありますが、親はあえて目をつぶり、子どもが一人で作ったお菓子と、達成感を一緒に味わっています。嬉しいひと時です。

「得意な遊び」から発展的学習！

小学6年生
ゆうとさん

分けて作業すると集中力アップ！

「きらっと」に通い始めたのは小5から。

「得意な事は？」と問われると自信がなかったけれど

「好きな遊びは？」それはもう、お決まりのゲーム好き。

ゲーム以外に唯一投げ出さずにできるのが、ブロック。

組み立てて"形"にする遊びの中に、「でき上がり部品」と、「途中の部品」を区別する箱を与え、"ひと手間加える学習"にしてみました。視覚的に分かりやすく、作業効率もアップした事が気に入ったようです。普段でも仕分けして遊ぶようになり、今は、完成品がところ狭しと並んでいます。

「好きな遊び」は「得意な遊び」になりました。プラモデルも作れるようになりました。「分かりやすくて、効率アップの考え方」を、これからも色々なところで生かしていけるよう応援したいと思います。

✿✿きらっとファミリーから

「強み」の視覚で音読！

小学6年生
こうきさん

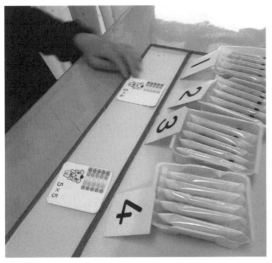

「九九」
カードを選ぶなら、答えられる。

「会話ノート」
文字やイラストを書きながら
息子が〇をつけて会話。
やり取りすると落ち着きます。

話ができない息子は、自分の気持ちを伝えるのが苦手です。

色々な事を理解していない・できないとも思われています。

「話せないのだから音読の宿題は無し」も悲しかったです。

新しい担任の先生から嬉しい助言が！

「『視覚』が強いから、文字を追うだけでも音読と同じじゃない？」母が読み、一緒に指で文字を追う「指追い音読」を続けました。宿題をすることも嬉しかったのか、毎回楽しそうに教科書に向かっていました。いつしか「文字、単語＝音声」が結びつき、内容も大まかに理解していることもありました。

今では、習ってなくても知っている字があると、他の先生方にも分かっていただき、授業、スケジュールでも、漢字やカタカナを使ってもらっています。嬉しいです。

自分の気持ちを伝える、分かってもらえる手段が増え、生きやすくなったようで、毎日落ち着いて生活しています。

157

迷いながらも、積み重なってきた！
「ありがとう」の視覚化かな！

小学5年生
あゆみさん

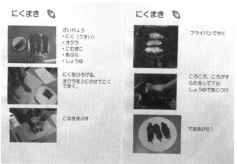
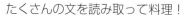

たくさんの文を読み取って料理！

短文カードで料理！

「できない」が口癖だったけど、付せんに
「〜できたね」「〜してくれてありがとう」
「うれしいな」と書いて壁に貼って一緒に読んだね。
できることたくさんあるんだよと付せんを通じて
伝えて続けていたら「やってみる！」「教えて！」と言うようになったね。初めてのことも怖がらず、チャレンジする勇気が持てるようになりました。

こんなことして何になる？　先が見えず不安になった事もあったけど、日々やってきたことは、むすめの中でちゃんと積み重なっていました。

どうやったらできるかな？　わかりやすいかな？　楽しめるかな？　と
考えるのが楽しくなりました。
わが子に合った手がかりが見つかった時は「やったー！」親子でニコニコです。
朝ごはんの支度を自分でする！　夢みたいな話だったけど夢じゃなかった。
イラストや声がけなど、わかりやすい手がかりを使って一つ一つ取り組んでいたら、今はパンをトースターで焼き、スクランブルエッグを一緒に作ります。盛り付けを手伝ってもらったり親子で楽しんでいます。
あきらめずに手を変え品を変え。これからも一緒にやってみよう。
いつかあゆちゃんの作ったごはんが食べたいな。

☆☆☆ きらっとファミリーから

周囲の方々にも
アドバイスを頂いて

小学6年生
ひなとさん

「きらっと」ではいろんな体験をさせていただいています。

小さい頃から読書が大好き。特に地図やご当地情報は得意中の得意。

「読む」という強みを生かし、使い方を読んで道具や器具を生活に役立てる事や、辛くなった時の心の立て直し方など、先生と気持ちを話し合いながら、ここまで成長してくれました。嬉しいです。

今、時間のある時は料理本を見て、一緒に料理をしています。家族もみんな喜んで食べてくれるので、自信になっているようです。

これからも、自分達だけで、困ったことを抱え込まず、周囲の方々にもアドバイスを頂きながら、成長していけたらと思います。

ペーパークラフトが今の
お気に入りに！
真剣にカッターを使い、
完成めざして
集中しています。

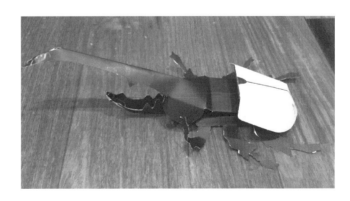

あとがき

私がお伝えしたかったことは、
どの子にも「自分から行動する力」は潜んでいて
「勇気づけ」しだいで引き出し、
育てることができる！ということです。

本書でご紹介している「うれしいな」「助かったよ」「ありがとう」の３つのことばで勇気づける支援をしてみませんか？　「自分から行動したくなる活力」が与えられるはずです。

文字が読めない、発話が難しい、集中が続かないなど、困り感に関わりなく、どの子も自分の成長を望んでいます。できることが増えるだけでなく、子どものほうから次への質問が出てきます。子ども自身が自分で自分を勇気づけて、行動しようとしているのです。

本書が重点的にあつかっている「ことば」「コミュニケーション」「社会性」の学習も、その子なりの戦略をいっしょに工夫することで、生活に使えるようになります。

これこそ「生きる力」です。お子さんが自ら行動し、親子で喜び合うことに、本書がお役に立てれば幸いです。

この本をまとめるにあたり、感謝したいのは、「きらっと」で学ぶ子どもたちとそのご家族です。教室と家を結ぶ前向きな子育てやご意見のやりとりでこの本が練りあがりました。ご協力ありがとうございました。また、子ども達に関わってくださる学校の先生、私の相談役を快く引き受けてくださる病院の相談員さん、先輩教師の皆さん。貴重なご意見ありがとうございました。そして、元東大病院の染谷利一先生、温かな励ましの推薦文をお寄せいただき、心からお礼申し上げます。

最後になりましたが、私の実践や、子ども、ご家族の頑張りをご理解いただき、この本の出版を引き受けてくださった柘植書房新社の上浦英俊様には深く深く感謝いたします。
また、何度もレイアウトの工夫をしてくださった松下孝一様、きれいな表紙をデザインしてくださった市川九丸様、内容の相談から細かな表現までお世話になったイラストの加藤恵理子様にも心からお礼を申し上げます。実際の編集作業に当たっては、何も知らない私を導き、励ましてくださったOffice2の阿部進さん、久保田久代さんにも心から感謝いたします。

そして、この本を手にしてくださった読者の皆さま、皆さまのご感想やご意見をぜひともお寄せください。皆さまからいただいたお力を胸に、今後とも子ども達と一緒に成長し合っていきたいと思います。皆様、ありがとうございました。

丹野　節子

〈参考文献等〉

『アドラー心理学で変わる学級経営』赤坂真二著、明治図書、2019 年

『「気になる子」のいるクラスがまとまる方法！』赤坂真二著、学陽書房、2015 年

『先生のためのアドラー心理学』赤坂真二著、ほんの森出版、2010 年

『マンガでやさしくわかる心理学』岩井俊憲著、日本能率協会マネジメントセンター、2014 年

『おしえてアドラー先生！』八巻秀著、世界文化社、2017 年

『レジリエンスを育てる本』藤野博・日戸由刈監修、講談社、2015 年

『イラスト版子どものレジリエンス』上島博著、合同出版、2016 年

『発達性協調運動障害』宮原資英著、スペクトラム出版社、2017 年

『教室で使えるコグトレ』宮口幸治著、東洋館出版、2016 年

『敏感過ぎて生きづらい人の明日からラクになれる本』長沼睦雄著、永岡書店、2017 年

『認知行動療法ワークブック』ポール・スタラード著、下山晴彦監訳、金剛出版、2006 年

『ソーシャルスキルを育てる本』本田秀夫・日戸由刈監修、講談社、2016 年

『ソーシャルトレーニングカード絵カード』ことばと発達の学習室 M、エスコアール、2009 年

『自閉症スペクトラムとこだわり行動への対処法』白石雅一著、東京書籍、2013 年

『脳から分かる発達障害』鳥居深雪著、中央法規、2009 年

『脳を傷つけない子育て』友田明美著、河出書房新社、2019 年

『ヒトは「いじめ」をやめられない』中野信子著、小学館新書、2017 年

『家事で脳トレ 65』加藤俊徳著、主婦の友社、2015 年

『重複障害児との相互輔生』梅津八三著、京大学出版会、1997 年

『応用行動分析で特別支援教育は変わる』山本淳一・池田房子著、図書文化、2005 年

『発達障害のある子の AKB ケーススタディ』井上正彦・平澤紀子・小笠原恵編著、中央法規、2013 年

『思いっきり支援ツール』武蔵博文・高畑庄蔵著、エンパワメント研究所、2006 年

『ソーシャルストーリーブック』キャロル・グレイ著・服部智子訳、クリエイツかもがわ、2005 年

『私はかんもくガール』らせんあゆむ著、合同出版、2015 年

『アサーション・トレーニング』平木典子著、日本・精神技術研究所、1993 年

『みんなのためのルールブック』ロン・クラーク著、亀井よし子訳、草思社、2004 年

『続・自閉症の僕が飛び跳ねる理由』東田直樹著、エスコアール、2009 年

『PICOT コミュニケーションブック』NPO 法人 ACC サポート、2005 年

『心に響くドラえもん名言集　ドラことば』小学館ドラえもんミュージアムルーム編、小学館、2006 年

『おやじギャグ大百科・まじめにふかいけつゾロリ』原ゆたか著、ポプラ社、2005 年

『教室はまちがうところだ』蒔田晋治著、子どもの未来社、2004 年

【著者紹介】　丹野　節子（たんの　せつこ）

「きらっと」たんの個別支援教室主宰

特別支援教育士

宮城教育大学養護学校教員養成課程卒業

東京大学附属病院「こころの発達」臨床研修修了

宮城県立光明支援学校　重度重複障害児訪問指導部、小学部勤務

横浜国立大学附属特別支援学校　小学部、高等部勤務

横浜市内の小学校、通常の学級担任、算数・家庭科専科、特別支援教育アドバイザー

児童発達支援マルシェ、療育顧問

湘南白百合学園小学校、教育アドバイザー

2003年「きらっと」たんの個別支援教室を開設

● 障害の有無に関わらず、「ことば、コミュニケーション、社会性」を引き出し育てる
「手がかり学習」を実践。

● 学校、病院、施設、学会、保護者会等で個別指導、集団と個別を活かし合う指導など
講演、ワークショップを数多く開催。

● 著書
いっしょにを大切にしたい「特別支援教育」　子どもと健康90号、労働教育センター、2009年
ことばを取り戻した子どもたち（分担執筆）大修館書店、1986年

連絡先 **「きらっと」たんの個別支援教室**

・ご相談、入会、講演、ワークショップのお問合せはこちら
〒221-0813　横浜市神奈川区二本榎7-3
電話　080－5427－4798
・ホームページもご覧ください。
http://www014.upp.so-net.ne.jp/kiratto/

改訂版　おうちでできる　発達障害（つまずき）のある子の子育て

2020年2月15日第1刷発行　定価2400円+税

著　　　者　丹野　節子

編集・制作　Office 2（オフィスツー）

イラスト　加藤恵理子

装　　　丁　市川　九丸

発　　　行　柘植（つげ）書房新社

　　　　　　〒113-0001　東京都文京区白山1-2-10-102

　　　　　　TEL 03（3818）9270　FAX 03（3818）9274

　　　　　　郵便振替00160-4-113372

　　　　　　URL https//www.tsugeshobo.com

印刷・製本　創栄図書印刷株式会社

乱丁・落丁はお取り替えいたします。　　　　　　ISBN978-4-8068-0729-2　C0037